共创
对话

从头脑风暴
到决策共识

Co-creating
Dialogue

From Brainstorming to
Consensus Decision Making

林小桢 邹怡 / 著

图书在版编目（CIP）数据

共创对话：从头脑风暴到决策共识/林小桢，邹怡著. —北京：机械工业出版社，2020.8（2025.3重印）

ISBN 978-7-111-66230-3

I. 共… II. ①林… ②邹… III. 企业管理 IV. F272

中国版本图书馆CIP数据核字（2020）第139199号

  本书主要介绍了共创对话的理念体系和重要实践应用。共创对话基于企业的重要问题而产生，通过参与共创对话的员工之间高品质的共创研讨，促成决策或方案上的共识，从而推进行动与协同，促进企业经营目标的达成。

  全书共分为四个部分，前三个部分分别介绍了共创对话产生的背景、共创引导者和共创引导技术，第四个部分介绍了共创对话在企业的战略落地、优本增效和复盘推进三个方面的应用。

共创对话：从头脑风暴到决策共识

出版发行：机械工业出版社（北京市西城区百万庄大街22号 邮政编码：100037）

责任编辑：蒋雪雅   责任校对：李秋荣

印 刷：固安县铭成印刷有限公司 版 次：2025年3月第1版第3次印刷

开 本：170mm×230mm 1/16 印 张：14.25印张 插 页：2

书 号：ISBN 978-7-111-66230-3 定 价：69.80元

客服电话：(010) 88361066 88379833 68326294

版权所有·侵权必究
封底无防伪标均为盗版

致我们不灭的梦想

期待与你一起化激情为动力,用智慧破解困局,以行动创造成就

推荐序一　*FOREWORD*

《共创对话：从头脑风暴到决策共识》一书即将出版发行，这是林小桢老师及团队十年间在上百家企业，以陪跑者、赋能者、激发者和推进者的身份，深入各种业务场景，不断与多元背景的群体合作，学习不同企业的经营哲学，支持企业挑战一个个难题，见证参与者的突破与成长，助力他们进入自循环模式的心血和智慧结晶。

我与林小桢老师是在2011年浙江吉利控股集团（简称"吉利"）启航项目培训中认识的，她讲的行动学习课程为吉利收购沃尔沃以后启动的领导力培养项目开启了不一样的历程。一晃九年过去了，吉利从一家年营业额不过几百亿元的本土企业，快速发展成为年营业额超过3000亿元、跃居世界500强第220位的跨国公司，这得益于吉利坚定的转型升级和创新发展，得益于吉利持续的管理变革和人才培养，更得益于吉利作为全球型企业的跨文化落地和沟通融合。其间，林老师一直见证和陪伴着吉利成长。

如何用共创对话赋能企业创造价值？如何提升对话的品质？林老师在书中给我们进行了详细的阐述和回答。

我非常赞同书中对共创对话本质含义的阐述。共创对话不同于普通的谈话，在VUCA（volatility，uncertainty，complexity，ambiguity，易变性、不确定性、复杂性、模糊性）时代，共创对话能够破除对话的信息壁垒、思维壁垒及情绪壁垒，建立共创文化，是企业一项核心的软实力。共创对话不是一次简单的意见交换、浅层次的交流、说服某人的过程或是无目的、无意义的漫谈。在共创对话的氛围里，每个参与者都被欣赏、包容，每个参与者都被充分激发，每个参与者都在积极创造，每个参与者都能自发行动。通过共创对话，我们将彼此的信息进行联结，从而进行创造，这超越了简单的信息交换，是一个深入到情绪和思维的互动过程。一次成功的共创对话能够激发内在的正能量，使参与者享受当下，也能激发未来的共识、创新及行动，催化新的成长。共创对话是实现企业内在运作机制和联结效用最大化的关键途径。

事实上，共创对话的过程是痛苦的、是煎熬的，因为要改变已有的思维方式和心智模式，需要完全敞开心扉、开动大脑、快速反应、高度投入；但共创对话的结果是甜蜜的，因为一旦实现了这些突破，迸发出的能量是惊人的，激发出的智慧是罕见的。在一个公司开展营销复兴项目时，我们曾经采用了共创工作坊，用了16小时进行课题梳理，一群人围绕市场营销、研发体系、售后服务三大主题，一轮一轮地找卡点、定目标、定措施，到凌晨依然兴致勃勃，不眠不休。我们惊奇地发现，一些以前不敢发表见解的人敢于坚持己见了，以前总是居高临下的人放下身段了，以前听不得不同意见的人学会倾听了，以前不愿意出头露面的人抢着展现自己了。通过共创工作坊形成的作战计划能快速实施落地，通过共创工作坊确定的目标和指标能更好地达成，这正是共创对话的魅力所在。

作为管理者，我们深知"沟通也是生产力"，如何在团队中进行深度而彻底的沟通，如何让沟通变得简单高效，是我们一直在探讨的话题。本书用其坚实的科学理论基础、严谨的知识体系及由浅入深的理解和运用途径，为我们打开了实现有效沟通的思维大门，让我们知道每一次的深度沟通都需要围绕目标进行系统而周密的设计，让参与者的热情得到激发，让智慧的能量得以有序流动，让沟通变得更有质感。

企业在快速发展过程中面临着越来越多的新挑战、新问题，这些问题往往没有参考答案，这时候如何联结不同个体的智慧，凝聚团队共识，激发新思维、新方法非常重要。本书帮助我们很好地认知了共创对话的本质和共创对话过程中的关键要素，并且提供了丰富的工具、方法和案例，源于实践高于实践，非常具有现实指导意义，无论新上路的管理者还是经验丰富的领导者，抑或是企业人力资源从业者或对共创对话有兴趣的人，都可以读一读本书。

张爱群

浙江吉利控股集团公司副总裁

FOREWORD 推荐序二

十年前的一个周六早上,一个民营企业的总经理紧急召开了一个闭门会,参与者眉头紧锁,面面相觑,不知所以然。总经理身旁坐着一位大家素未谋面的女士,她的任务是通过这次特别的会议支持参与者就"资源循环利用整体方案"这一新业务的落地路径达成共识。这位女士便是本书的作者林小桢。她经常面对类似的场景,支持企业突破难题不仅持续地给她带来成就感,更是助她成长和完成使命的道场。

2015年的一天,她对我说:"我要出一本书,将我在企业的实践所得毫无保留地分享给更多的管理者。"听到她的这句话,我由衷地佩服。因为,要将实践经验萃取为一本书,需要更多的勇气、匠心,以及锲而不舍的精神。我相信她可以做到,因为一路走来,她身上的确体现了这三个特质。

"有勇气的锲而不舍"可能是她的核心特质。锲而不舍是指她连续十多年专注于提升企业组织效率的方法论和服务甲方的项目实践。从珠三角到长三角,她的个人角色多次转换,她肩上的职责不断升华,她的服务足迹遍布全国。难能可贵的是,十多年过去,她对这份事业的热爱从未改变。这种既要学习理论又要长期挑战复杂项目的坚持是弥足珍贵的。在坚持这一事业发展方向的同时，她还有持续打破稳定边界的勇气。她迁居江浙，二次、三次创业，个中曲折，寥寥数语不足表陈。但她的每一次关键选择都无关利益最大化的考虑，每一次关键选择的前面都存在未知的巨大风险，而她总能充满勇气前行。

此外，"有梦想的匠心精神"可能是她持续成长的动力来源。匠心是一种对事物精雕细琢、持续完善的态度。她长期钻研企业组织效率这个课题，不断升级自己的技术体系。早期，我常从她口中听到的词是"头脑风暴"和"世界咖啡"，后来是"行动学习"和"促动智慧"，接着是"共创引导"和"共创对话系统"。作为一个理工科技术人员，我不能准确阐述它们之间的差别，也不认为"共创对话"与其他方法相比具有压倒性的优势，但我深知每次融会贯通新技术，都需要系统化的阅读和多样化的实践支撑，需要匠心底蕴。学习技能和交付项目如此，书稿写作亦如此。本书从构思到成书历时五年，经历过三次大改，以及多次的插画更迭和文字润色，终得面世。它是林小桢老师过去十多年的实践结晶，是她协助过的许多企业成功项目的注脚。

如何创造有态度的畅所欲言的对话环境，可能是我阅读本书最大的收获。

多年前，我从一名技术专家转变为带领团队的管理者。在从事管理的这许多年里，我经历了很多管理者都会经历的难题，从实现专业目标到带领团队布局未来，从以身作则当标杆，到最大化撬动团队的集体创造力和能动性。然而，撬动团队集体创造力并不简单，以常见的日常工作会议为例，少数发言者、一小半附和者，以及另一小半游离者似乎是最常见的参与者组合。恰好，这本书为这类场景提供了完善的、可复制的改进方案：详细的步骤、丰富的配图、建设性的提问以及真实的案例，这对多数管理人员或者培训从业人员会有不错的启发。许多企业管理者太需要这种从场景、从用户中来，反过来又作用于场景和用户的思想与工具。

值得开心的是，林小桢老师于2018年发起了支持共创对话在企业落地的

"共创引导师千人计划",该项目为期 10 年,希望能培养出 1000 名共创引导师。如果读者对这些方案感兴趣,并希望亲身体验,你可以与作者联系,参加共创引导师千人计划,接受亲身带教。

钟文亮

博士,蚂蚁金服资深算法专家

前言 PREFACE

起源：2008 年的一场项目汇报会

自从 2005 年开始进入企业管理咨询领域以来，在很长一段时间内，我们团队都是基于常见的咨询模式开展工作的，比如承接人力资源体系咨询项目。我们的工作步骤是：首先对客户公司不同层级、不同职能的员工进行访谈，基于数据进行诊断分析，识别出关键问题，并输出初步建议的系统解决方案；之后，向客户高层进行方案汇报，结合高层给出的反馈意见进行方案优化，输出组织架构、绩效管理、薪酬设计等系统文件，最终交由人力资源部落地。这种操作模式和步骤，对于当时国内大部分国企、民企而言，是非常适用并且高效的。直到 2008 年，我参与了某全国知名家电企业营销事业部的一个咨询项目，这让我的思想彻底受到了一次涤荡。作为项目组的一员，我按照既往的模式，深入企业进行现场调研访谈，阅读大量资料进行案头分析，诊断问题，输出解决方案，一切都感觉顺理成章，轻车熟路。然而，在中期汇报时，该事业部的副总裁和营销总监毫不留情地反馈："方案看起来很完美，但在目前的条件下根本落不了地，落不了地就等于没价值。"就这样,我们被客户挑战了!之后,我们与客户又开展了长时间的现场讨论,但方案最终还是没有被客户接受。我和其他顾问团成员感受到了前所未有的挫败。那天,坐在客户方会议室的椅子上,看着眼前这些营销管理团队核心成员,我开始重构思维,试着换个角度去思考:

他们中很多人来自宝洁、东芝等知名外企,有多年的行业经验,

他们掌握的关于行业、竞争对手、上下游合作商的信息比我们这些外部顾问更多,

难道他们没有智慧实现创新营销吗?

他们真的需要我们给予一个解决方案吗?

他们真正需要我们发挥的是什么价值?

经过一番思考之后,我立刻带着项目组成员寻找新解,导入行动学习和引导技术来改良传统咨询模式。我们把自身的角色从"给建议、给方案"的顾问转变为"引导团队共创"的引导师。基于赋能的理念,我们与客户团队一起用新的模式解决问题:导入必要的"知识、思维和工具",用引导的方式支持团队开展"对话探索",拆解和聚焦"关键问题",共识和输出"系统解决方案",并支持团队持续在"行动"中"学习",试错快跑,小步迭代,滚动推进,以实现结果的达成。最终,我们在这样的新模式中贡献了非常重要的价值。

- 内在驱动:方案由原先的外部顾问提供,转变为让客户自己进行研讨、共创输出,因此团队的参与感更强,承诺度更高,行动更有力,协同更高效,我们外部顾问也不再需要"强迫""督促"他们去执行落地。
- 潜能激活:引导参与者产生了许多原来没想到的创新点子,也暴露了许多之前被隐藏、被忽视的"新问题"。这个过程打开了团队成员的格局和思维,使团队有了较大的突破,成长很快。
- 赋能促达:在快速变化的环境中,几乎没有一个完美的、一成不变的解决方案存在,必须在行动中不断验证,迭代优化。只有陪伴团队持续探索,

开展一轮又一轮的研讨，共创解决方案并快速行动，持续复盘调整，才能灵活应对变化，最终实现业务结果的获取。

通过观察，我发现这个过程的本质是共创：集合与议题密切相关的内部利益相关者、上下游战略伙伴、消费者代表和外脑，一起开展系列共创对话，输出落地方案，整合资源，最终推进目标的达成。正是这次特殊的经历让我踏上了一个新的探索之旅：**"如何用共创模式赋能企业创造价值？"**

探索：10年只为寻找一个答案

此后，我不断深入不同的行业企业，走进各种业务场景的研讨现场，尝试基于共创模式去支持更多的客户。然而，这个过程非常不容易。有很多团队虽然愿意共创，但因缺乏章法而无法将共创的理念落地。比如，某合资企业开展的"高管面对面讨论会"变成了"高管训导会"；某家居公司基于战略布局重新调整"品牌定位"的讨论会，变成了一言堂；某地产公司组织的"项目推进会"变成了"追责会"；某互联网平台人力资源部发起的对"高精尖员工稳定性"的讨论会变成了"加薪留人可行性分析会"。最终，在反复验证中我发现了一个事实：决定共创理念能否落地的核心并不是"问题的难易"，而是"对话的品质"。于是，我开始寻找一个答案："如何提升对话的品质？"

10年来，我以陪跑者、赋能者、激发者和推进者的角色，陪跑了超过100家企业，支持企业挑战一个个难题，见证参与者的突破与成长，直到他们进入自循环模式。在这个陪跑赋能的过程中，因为深入到了企业的各种业务场景，不断与多元背景的群体合作，并学习了不同企业的经营哲学，我最终找到了帮助企业实现共创型组织的那把钥匙——共创对话。

共创对话融合了群体动力学、脑科学、组织行为学、行动学习等相关学科或理论，是重塑企业"人、事、场"的支点。它基于一个个重要的"问题"而产生，通过参与者之间高品质的"共创研讨",共识一个个"决策或方案",推进一次次"行动/协同",总结一次次"经验或教训"。有别于其他问题解决的推进过程,在实践中我们发现,参与者们是很享受这个过程的,他们的创造力被激活,行动激情被点燃,真正做到了主动担当,使命必达。

因此,打造"共创型组织"的根本,不在于领导放权,不在于制度改革,而在于让员工掌握"共创对话"方法,用"共创对话"代替当下很多无序、混乱、耗能的低效支配型讨论,让员工在一次次的共创对话中,实现彼此赋能、创新、共识和行动。

相约:下一个 10 年一起共建生态

有了方向就要毅然前行,不管前方的路有多长。我们本着"共创对话"的理念,带着赋能企业的初心,致力于一边帮助企业解决当下问题,一边努力探索未来的可能。

我们知道,在有些情况下,企业可以靠"某个英雄的胆识和智慧"培育一片森林,比如马云、任正非、李书福。而如果想让这片森林持续茂盛,孕育更广袤的森林,那么,我们就需要"无边界的团队共创",这就是"共创对话"的价值和意义所在。尤其是身处这个 VUCA 的时代,有远见的企业都在想方设法打破权力边界、资源边界和组织边界,建立团队内部共创、跨团队共创、体系协同共创、生态伙伴共创、用户共创以及跨产业共创的理念、方法和机制,以促进组织实现一次次变革创新。

这一路走来,我们挥洒汗水,更充满快乐,我们与国家孵化器一起开创产业融合创新的实践,与阿里巴巴数字专家一同赋能中小企业进行数字化解决方案落地,与吉利控股的经营团队一起突破经营促进的创新项目,与李开复创新工厂投资的创业团队共同破局,我们与成千上万的民企高层一起进行战略升级转型……

未来 10 年,我们希望支持更多伟大的企业植入共创的基因,培育基于业务、人才、创新和文化四位一体的共创对话系统，反哺生态，实现持续的升级进化。而这样的伟大企业，我们认为是拥有美好的梦想，积极促进社会进化的企业，与体量大小无关。

期待与你一起探索共创对话

"共创对话"是我们团队结合群体动力学、组织行为学、行动学习的相关理论，结合多年实践经验而提炼出的理念，同时，我们开发出了共创引导技术以支持各种主题的工作坊。这一整套理念和技术曾在阿里巴巴、腾讯生态、吉利汽车、捷豹路虎、广汽丰田等企业中成功实践运用，盛传至今，并且愈发受到重视。此外，本书结合企业高频的运用场景，为读者呈现了"战略落地""优本增效"和"复盘推进"三大工作坊的情况，提供了详细的操作流程，以帮助读者在阅读完本书后按照流程实施。

本书的内容构成如下。

第一～二章：主要分享了共创型组织，以及共创对话的价值、理念和方法论。

第三～四章：主要介绍了支持共创对话落地的关键角色——共创引导者。

第五～八章：主要介绍了共创对话中的发问、倾听、参与和共识四大关键基础技术。

第九～十一章：主要介绍了共创引导者引导共创对话的三大实践案例，以及相关的操作流程。

此外，本书的许多概念、工具对于大部分读者而言是初次接触，所以我们在本书的附录中，为读者提取了书中高频使用的术语和常用的工具示意。我们相信，我们会越来越频繁地经历从 0 到 1 的过程，我们也期待你进入学习和实践之路。

现实中，我们每一位个体都离不开群体。我们在群体中互动联结，从而实现共同创造和共同收益。在一个企业中，团队通过各种会议厘清方向、解决问题、推进行动和团结人心。在一个学校里，教师与学生一起分享知识、启发观点或研究课题。在一个家庭中，家庭成员进行对话，支持孩子认知自我和实现成长，凝聚家人和解决难题。我们发现，只要是有群体在的场景，都离不开对话，群体成员都希望实现共创共赢。因此，不论你是下面的哪个角色，本书都将为你打开一扇新的窗户，给你带来一些新的启发，引发一些新的尝试，开启一个新的未来。

如果你是	本书可以帮助你……
企业中高层管理者	支持企业进行变革和创新 支持企业提高沟通的效率 提高企业决策的质量和效率 支持企业快速进入协同作战模式 推动企业群策群力，共创文化土壤
HRD（人力资源总监）/ OD（组织发展）/ BP（业务伙伴）	支持业务线进行目标拆解 引导业务领导进行协同会议 推进关键项目复盘 进行绩效对话 进行团队融合 提高变革项目的成功率
技术人才 / 科研学者	更轻松地摆脱技术思维限制去沟通和影响他人 更快速地建立、培育和发展创新型团队 推进跨界创新项目
培训师 / 教育工作者	将课程从讲授式升级为共创式 激发学习者行动改变的内驱力 支持群体的创新 让自己更轻松、更享受、更有成就感地教学
咨询顾问	改变传统的咨询模式，与客户共同创造 提高咨询效率，降低咨询成本，为客户减压 提高非专业影响力

致谢 ACKNOWLEDGEMENTS

每个人都有很多选择，而唯一无法选择的是时光的流逝。无论我们愿意与否，时间依旧会按照自身的节奏流逝。我们无法改变过去，但可以影响未来。我们可能无法带给世界巨大的变化，然而，一个美好而微小的改变，却可能引起积极美好的持续性变化，而这种持续性的变化是不会消亡的。我相信，共创对话就是那万千持续性变化中的一个。

共创对话系统并不是依靠我一个人生成的，而是我们的客户、我们的伙伴、我们的良师和我们的家人朋友，以各种方式赋能和培育出来的。从0到1的创造之路，虽然很难，但是值得。一路走来，憧憬、纠结、孤独、愤怒、兴奋和感激我们都经历过，是热爱和梦想让我们一直不曾放弃。

回看身边这一群有情有义的人，他们不惜名不惜利，默默地陪跑着每一家有梦想的企业，以帮助和成就他人为快乐，以赋能企业成长为动力，我感慨万千。是的，我们有勇气说出梦想，有信念坚守初心，用勤奋和智慧创造更多积极的可能性。敢想、敢说、敢作为，是我们的调性。我们不是一群伟大的人，我们只不过是平凡人，在做一件美好的事情：让对话富有能量和智慧。

在本书即将面世的时候，回顾过去一幕幕场景，各种情绪涌上心头，只言片语是无法表达的。从我着笔的那一刻开始，我想：

感谢我儿子钟佳辰的到来，让我在电脑桌前静下来，坚定信心，闭门写作，完成本书初稿，也是他的纯粹和天真，让我坚守初心，更享受事业的快乐。

感谢我的家人（Leon、吴惠英、林业雄、李润红和钟鹏盛等）的理解和付出，支持我实现家庭和事业的平衡，让我有信心、有勇气去实现梦想。

感谢邹怡老师的耐心和专业，在她的努力下，本书的观点变得更富有洞见，也更成体系。

感谢林联星的鼎力支持，他从更多的视角给予了许多修改建议，同时他有着豁达的胸襟和乐于贡献的精神。

感谢刘秒老师，站在企业实战引导的角度给我们拍砖，让我们的写作更贴近实践现场。

感谢杨逸、郭林等视觉师，是她们耐心、坚韧地对插图进行反复修改，最终完成了本书的最后一版插图设计。

感谢本书的编辑胡晓阳老师的耐心和包容，以及对我们专业、耐心的指导。胡老师多次召开线上会议，商议修改措辞乃至一个用词，多次进行客户调研并反馈修改建议。一路走来，我们越来越有团队的味道。

感谢信任我们、支持我们，并在共创陪跑事业路上一同精进的共创引导千人计划的老师，正是这群同路人的存在，将给共创对话在商业或教育领域的传播和实践，带来美好的延续。

感谢客户对我们的信任和支持，让我们在陪跑落地中，能够一同挑战难题，并能感到温暖和被包容。

感谢创作路上给予我们陪伴、支持和关注的王天慧、吴娟、李幸洲、俞国彪、许林林、梁尉婷、陈滢、宋谦、夏彩彩、陈艳敏等。

林小桢

目录 CONTENTS

推荐序一

推荐序二

前言

致谢

第一部分
共创对话正在发生

第一章　这个时代需要共创对话　/ 2
- 新形势下企业发展困境　/ 3
- 当下企业如何破局重生　/ 5
- 共创对话激活群体动力　/ 13
- 本章核心内容　/ 15

第二章　共创对话的认知　/ 16

- 共创对话的本质内涵　/ 17
- 共创对话的四大要素　/ 18
- 企业植入共创对话的三个阶段　/ 21
- 本章核心内容　/ 28

第二部分
共创引导驱动决策落地
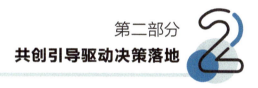

第三章　成为共创引导者　/ 30

- 共创引导者：共创对话的驱动力　/ 31
- 共创引导者：需要具备的六项能力　/ 33
- 共创引导者：需要秉承的三大信念　/ 36
- 共创引导者：需要培育的觉察能力　/ 37
- 人人都能成为共创引导者　/ 41
- 本章核心内容　/ 45

第四章　开启高品质的共创对话　/ 46

- 共创对话钻石模型的运用　/ 47
- 实施共创引导的六大步骤　/ 51
- 本章核心内容　/ 68

第三部分
关键技术提升对话的品质

第五章　发问技术：牵引思维 激发潜能　/ 70

- 发问的种类　/ 71
- 发问的要点　/ 75
- 组合发问的技巧　/ 79
- 本章核心内容　/ 84

第六章　倾听技术：启发觉察 支持解读　/ 86

- 认识倾听　/ 88
- 倾听的方法　/ 90
- 倾听具象化　/ 93
- 倾听与洞察　/ 95
- 本章核心内容　/ 100

第七章　参与技术：激发想法 带动智慧　/ 101

- 情感与思维　/ 103
- 情绪引导　/ 104
- 思维引导　/ 112
- 本章核心内容　/ 119

第八章　共识技术：自动自发 落地成果　/ 120

- 共识促进融合　/ 121
- 突破人际矛盾　/ 122

○ 处理决策顾虑　/ 124
○ 本章核心内容　/ 136

第四部分
共创对话的重要实践

第九章　共创对话助力战略落地　/ 140

○ 战略解读　/ 144
○ 目标拆解　/ 145
○ 聚焦子议题　/ 146
○ 团队构建　/ 147
○ 关键分析　/ 148
○ 创新策略　/ 149
○ 方案拍砖　/ 150
○ 小结：共创对话操作重点　/ 152

第十章　共创对话实现优本增效　/ 158

○ 共鸣打造　/ 161
○ 问题聚焦　/ 162
○ 现状分析　/ 164
○ 目标共识　/ 165
○ 策略共创　/ 166
○ 行动计划　/ 166
○ 小结：优本增效工作坊共创引导者操作重点　/ 167

第十一章 共创对话加强复盘推进 /171

- 目标迭代 /173
- 策略优化 /175
- 行动赋能 /178
- 小结：共创引导者操作重点 /179

附录 A 本书中重要的术语 /183
附录 B 本书中重要的工具 /189
参考文献 /204

第一章

这个时代需要共创对话

无论哪一家企业，都脱离不了社会环境的影响。技术革新会带来产业变革，用户需求变化会打破市场格局，一个创始人或者核心管理人员的离开会导致一家企业的衰败，国际政治博弈可能会影响企业的生死存亡。面对这些不可控的社会环境因素以及企业发展的不可预知性，许多企业都在努力探索新的管理突破口，催化新的利润增长点，加速战略的落地，挖掘更多的创新可能性。

企业要实现基业长青，必须找到能够持续激活企业创造力的"元动力"。许多成功的企业都有自成一派的理念、方法论和机制，其本质都是从各种不同角度激活企业的群体动力，实现生态共创。我们通过深度剖析企业面临的典型困境，再基于群体动力的视角探索优秀企业的破局之道，并结合多年的企业赋能陪跑实战及研究，从中发觉了激活群体动力的切入点——共创对话。

这是一个 VUCA 时代，企业如果对环境变化缺乏精准预判和快速反应，便会陷入方向错误、策略模糊或行动迟缓的状态，进而导致发展衰退。随着社会的发展，有的企业在面对新理念驱动的跨行业创新时，可能来不及采取措施就已经轰然倒下。让我们先看看几个典型的企业困境。

新形势下企业发展困境

老品牌需要重生

某"老字号"知名食品贸易公司，曾经依靠品牌优势，实现了持续十几年相对单一而稳定的发展模式。近期，在面对新技术、新商业模式和新品牌的跨界竞争时，品牌市场占有率在一年间大幅度下降，企业面临着前所未有的生存危机。我们在旁听其月度经营分析会时，深深地感受到经营班子的焦虑、迷茫和无奈：研发总监认为营销团队无法运用新平台、新思路去开拓更大市场；营销总监认为产品陈旧过时，无论是外观还是口味都无法吸引"新人类"；财务总监认为运营成本太高，叫苦连天；人力总监吐槽公司老龄化严重，激励机制不足，新员工离职率高，留不住人才。经营团队无法基于新环境快速求变是很多"老字号"的通病，他们在变革的方向、信心、速度和战术上都容易遇到障碍。

新兴企业无暇练内功

某创业公司抓住了"互联网＋物流"的转型时机，用一年时间打造了一个小有名气的物流平台。随着 B 轮融资到位，创业团队从 10 人快速增长到 100 人，估值随之飞速攀升。然而，公司的运营效率、盈利能力却没有随着公司规模的发展获得相应的突破，反而出现了部门间博弈增多、人浮于事的状况，进而导致市场预测能力明显减弱，业务响应速度严重降低,经营数据欠佳,团队凝聚力缺乏,市场满意度下降。创始人无奈地感叹:为何100人做事却没有10人做事的效率高?互联网时代,新兴企业往往在创业初期凭借核心团队的拼劲高速发展,一旦规模化,却无法形成有效合力。团队成员看不到企业未来,信心不足,感到焦虑,并且相互不服气,缺少协同和传承,最终无法达成共识,甚至会在人际互动中出现心理障碍。

企业"出海"受挫

海外市场布局成为国内许多企业的关键战略举措,包括我们熟悉的互联网产业生态链上的企业。这些企业通过资本运作的方式大肆收购海外企业,又或者希望通过自身的技术、产品和商业模式经验,在海外复制它们在国内的成功模式。然而,海外的新环境、新市场、新文化和新团队,使得之前的成功经验充满了极度不确定性。在我们服务过的企业中,有些企业受挫于不懂当地的政治、法律、税制,有些企业则因忽略了当地文化或者市场特色而遭遇滑铁卢。此外,多元团队的体系搭建、协同作战、环境洞察和反应速度等因素直接影响到企业能否成功拓展海外市场。企业的海外团队需要直面太多的困难,包括孤身奋战的无力,多元团队文化的融合挑战,资源和网络无法打通的痛苦,以及来自总部的考核压力。一般情况下,企业能够给予海外团队的探索时间是较短的,如果无法突破,那么出海战略就是如鸡肋一般的存在。

尴尬的多元化布局

在市场蛋糕的诱惑下,许多企业即便没有相关行业的经验,也想利用自有资源跨界进行生态布局。做互联网的要造汽车,造汽车的要进入互联网行业,搞地产的要进入大健康产业,电商要发展金融,家电行业要布局物联网等，所有的尝试都指向一个目标：建立生态体系。对于正在跨界的企业，从"0"到"1"是第一个关键性难题。这个阶段困住了大部分企业，使它们错失了许多时机。某地产公司希望通过业主资源进行企业转型升级，建立多元化产业生态布局，但在这个战略提出后的三年时间中，几乎没有太多起色。与许多企业的多元化布局比较一致的是，员工在践行创新时，往往抱有许多困惑："谁去做？去哪里招人？做砸了怎么办？激励够不够？没经验怎么办？如果只是公司领导一时兴起怎么办？"即使突破了从"0"到"1"，但从"1"到"100"更需要的是速度。如果速度无法突破，发展会停滞，士气会受打击，甚至项目会宣告失败。员工的顾虑是"再创业太煎熬了，还是驾轻就熟的工作比较舒服。领导心急，需求排期压力太大了。各方面资源不支持，工作开展起来特憋屈"。那么，战略上充分布局后，到底应该怎样创新战术打法以保障战略落地？

当下企业如何破局重生

在新竞争环境中，无论是老字号企业，还是互联网新秀，无论是想扩展海外市场，还是要多元化生态布局，企业都需要挖掘和激活新生代的智慧和激情，将创新资源下放到基层，倒逼经营管理团队突破，激活团队动力，协同合作，建立产品、技术和职能等紧密协同的系统作战网络。企业如同一台手机，要进入、赶超甚至引领新机遇，除了升级硬件（资源配置），还需要升级操作系统（比如团队、机制、文化）。此外，还要安装合适的App（某些思维模式和技术），在关键举措落地时支持团队快速适应内外部环境变化，找到破局的思路和方法。

在近十年的共创对话实操中，我们有幸帮助了近百家企业推动变革，改善绩效水平。在长期近距离观察和实践落地中，我们发现只有那些基于未来视角来看待当下，积极拥抱变化、引领变革的企业，才能拥有可持续的竞争力，毕竟"唯一不变的就是变化本身"。我们对近百家企业的高管进行了深度访谈，当许多高管面对"企业未来怎么走"这个话题时，会因为环境变化而对未来充满焦虑和担忧。在面对"在战略落地的过程中，你感到最难突破的是什么"这个话题时，多数高管的反馈不是资本也不是市场，而是苦于缺乏战术、打法以及不知如何突破速度瓶颈。通过深度讨论，我们发现，缺乏打法的原因在于领导者和集体智慧的缺失，而速度则多受制于团队的激情和协作能力不足。许多企业高层面对复杂的市场变化，感到无力和迷茫，在明确方向后又落入机制卡壳或人才跟不上、跑不快、补不及的窘境。在这些方面，阿里巴巴集团是非常优秀的正面例子：在战略维度上，主张站在未来看现在，布局未来；在效率维度上，较多关注组织变革，设置勇于挑战的激进 KPI；在人才维度上，关注员工张力的激活，倡导借事修人，因人成事。虽然每个企业面对的具体情况有差异，但是方向、效率与人才是各行业的企业家共同关注的三个要素。然而，仅仅依靠个别领袖的力量无法使企业在这些要素上取得可持续的强大竞争力，部分企业创始人的离开甚至会带来企业的衰退乃至消亡。企业需要的是植入团队共创机制，从而将人才的活力、智力和心力充分联结并加以激发，这样才能在复杂多变的环境下提高效率。

持续进行战略探索以精准发展方向

在互联网行业中，阿里巴巴的战略形成过程是非常具有代表性的。根据阿里巴巴的创业历程资料分析，1999~2000 年，阿里巴巴在资本催化下疯狂扩张，但根基并未扎稳时的扩张无疑是危险的。2000 年年底，公司面临资金、战略方向、管理和团队等方面的问题。马云召开了一次会议，达成战略共创共识，确立了三个"B2C"的业务导向，确定将开源节流、文化提炼和管理升级作为三大组织战略。在阿里巴巴看来，业务战略是需要共识的，组织战略同样如此。为了精准发展方向，阿里巴巴形成了一套战略共创机制。在年度战略共创会结束半年后，还需要进行一次战略复盘，对战略方向进行评估和调整，并基于调整后的一系列变化来进行架构调整、流程调整。因此，对阿里人来说，应对"变化之快"不再只是适应变化而已，而是更积极地"拥抱变化"。阿里巴巴的战略是集体的智慧，是基于对使命和愿景的那份信念，结合环境变化进行假设、试点、验证和迭代等战略探索的成果。如阿里巴巴前首席人力资源官彭蕾提到的：战略生成，一问"初心"，使命和愿景是战略生成的核心动力；二靠"迭代"，结合环境不断修正和更新。战略不是想出来的，是打出来、是问出来、是吵出来，更是战出来的，而且最终战略要回归初心。阿里巴巴这种"业务战略＋组织战略"的联动打法，值得其他企业思考。

在企业中，我们经常会听到管理层谈到战略是老板的意图，战略是想出来的。这样的言论暗示着这家企业在战略方向的探索中缺乏章法。成功的战略探索往往可分为以下几个步骤。首先，结合企业使命和愿景，确定企业发展的大方向，并进行产业布局。其次，通过投资、技术、实验室、创新项目等方式对战略方向进行试点验证，这种基于各种切入点持续探索试验的过程，会使得企业战略行动的方向越来越清晰，战略版图越来越体系化。最后，实现战略探索的闭环，通过对战略方向的模糊探索和反复验证，厘清商业模式，设计战略落地路径。因此，在战略探索的过程中，要激发团队怀揣着使命愿景对未来可能性进行探索，而不是将战略探索的责任完全放在老板的肩上。

建立落地支持机制，加速战略落地

传统企业在落地过程中比较关注计划性和稳定性，互联网新企业则更关注速度和打法。战略执行从企业召开战略发布会开始，许多企业会通过发布会宣布企业的新战略方向，然而发布会后往往由于缺乏系统的落地支持机制而出现执行上的偏差、迟缓，甚至放弃行动。落地支持机制是战略执行的发动机，它能够帮助企业解决战略落地过程中出现的诸多常见问题，几个典型的例子包括：①核心管理团队和执行团队对战略的解读不到位，出现分歧；②缺乏战略分解落地的实施路径图，导致战略无法落地；③部门或业务/产品线之间无法实现体系协同，导致落地缓慢；④无法快速和创新地解决战略落地过程中出现的问题。我们还发现许多战略落地的关键执行人往往对落地也存在疑虑："你信吗？跟我有什么关系？怎么做？假设我们部门做了，怎么考核？资源从哪里来？"

在阿里巴巴旗下各事业线的战略落地过程中，我们经常会听到"看见一张图、凝聚一条心、攻打一场仗"的方法论。虽然不同层级的落地层面存在差异，但是"一张图、一条心、一场仗"的方法论是一致的。基于某个战略主题的落地，运营方、技术方和产品方能够共同进行战略解读，输出落地路径图，形成打法共识，在共同探讨、共同磨合的过程中厘清战略和强化协同共识，做到心中有图，有心有力地打一场仗。在阿里巴巴，最能体现这种方法论的就是战略聚能环（见图1-1）：通过共创会，支持团队共同看见未来、共同思考战略，看见彼此的目标和整体目标；通过晒KPI，共同拆解影响战略目标达成的焦点和切入点，统一部门的重点业务以实现协同；通过联合行动，通过"三板斧"体系⊖对战术的深度研讨以及对团队的心智训练，实现深层次的动力激发，达到共创共行的目的；通过时刻关注客户反馈，进行战略、战术复盘，推进迭代更新，实现富有成效的快速求变。

⊖ 阿里巴巴原创的管理者培养工具，是用行动学习方式提升管理能力的体验式培训。其名称源自马云对管理者培养的要求："要像程咬金的三板斧一样，落下去就要有效果。"

图 1-1 阿里巴巴的战略聚能环

从阿里巴巴的战略聚能环中,可以看到战略落地的核心机制主要包括以下几个方面。第一,邀请核心团队进行战略共创,共同生成战略蓝图。第二,建立协同机制:晒 KPI 的本质就是实现上下协同和左右协同,避免目标错位和业务认知错位,实现协同和承诺。第三,实现人事共修:阿里巴巴推行的"三板斧"与行动学习法异曲同工,主张在行动中实现业务问题解决和人才培养的共同进化,实现知行合一。在战略落地时,人和策略都是关键要素。战略落地团队需要使心智模式不断匹配战略落地的要求,落地过程的卡点与难点同样需要团队共创才能突破,所以诸如闭关共创、"三板斧"的策略是将人集合起来共同破局的关键机制。第四,复盘迭代:战略是需要调整的,战略支持企业去往想要去的方向,实现企业的使命。定期的战略落地复盘能让企业对未来看得更清晰、更坚定,这样企业才能更好地调整切入方向。定期进行战术复盘也会让企业更关注目标达成的路径设计,以更快的速度、更低的成本和更高的质量实现目的。这一切都应围绕客户的需求展开,这是企业一切经营活动的原点。

建立人才生态体系，助力企业升级

在企业转型升级的过程中，人才是关键问题之一。企业转型需要怎样的人才？我们来看一个案例。吉利控股集团始建于1986年，至今已发展成为一家集汽车整车、动力总成、关键零部件的设计、研发、生产、销售及服务于一体，并涵盖出行服务、线上科技创新、金融服务、教育、赛车运动等业务在内的全球型集团。在2010年收购沃尔沃后，吉利加速战略布局，拥有吉利汽车、领克汽车、沃尔沃汽车、Polestar、宝腾汽车、路特斯汽车、伦敦电动汽车、远程新能源商用车、太力飞行汽车、曹操专车、荷马、盛宝银行、铭泰等众多国际知名品牌。在企业快速发展的同时，吉利在人才建设方面极富前瞻性和建设性。吉利在2010年提出了人才培养的独特理念和举措，主要包括以下几个要点。

（1）快速执行，切入业务解决问题。所有的学习项目设计，必须走进业务、助推业务，训战结合，知行合一，必须在人才培养的同时促进经营或管理难题的解决。为此，吉利的OD、BP、企业大学和外部引导师团队一起，将行动学习理念植入项目设计，用行动学习和共创对话技术实现难题解决和人才发展的协同；提出"全球领导力模型"，并将其作为管理人才标准，系统设计了"启航""远航"和"领航"等系列领导力培养项目，基本实现集团、子业务和专业线的全覆盖，培养了一大批有追求、能打硬仗、能挑大梁的国内外管理人才。

（2）以战代训，专业人才战必躬亲。基于吉利出行生态战略的布局，专业人才意味着先进的理念、技术和模式，专业人才通过团队共创进行业务或技术的专项突破。为此，吉利通过构建各专业学院，贴近不同业务战略的落地，实现基础训练、业务创新的共建。更值得一提的是，随着专业学院覆盖面不断加大以及内部共创引导师和吉利智库团的建立，吉利实现了其内外部生态合作伙伴的专业人才共建。

（3）文化落地，使命愿景一以贯之。吉利的文化落地不依赖标语，不强行灌输，而是通过主题文化引导共创、多元文化融合等系列工作坊，引导一个个新业务、新项目团队在思维火花的碰撞中认同并接纳企业的奋斗者文化、问题文化、对标文化和合规文化，最终将文化潜移默化地融于人才培养体系中。

通过近十年的人才森林建设，吉利不断加速实现文化融合、人才融合和技术融合，逐步发挥体系协同的力量，进行全球化实践、科技转型，以及从汽车制造商向移动出行服务商的升级。正如李书福提到的：必须在不断变化的市场中牢牢把握"不变"的本质，在大风大浪中赢得长远发展的优势，才能实现我们的愿景。组织竞争力的根本在于人才、文化建设，它将孕育技术、产品的持续超越，这是变化中的"不变"。

创新机制促增长

外部环境的变化正在以更快的速度、更大的范围影响着各行各业，基于技术、需求的创新正在不断涌现。换道超车比弯道超车具有更大的潜力和可能，创新正是企业实现换道超车的利器。创新的关键在于人才，而影响人才的关键是企业机制。越来越多的企业在机制建设中突破传统组织模式，积极探索人才动力激发、内外资源协同和以客户价值为中心的流程再造等方向。

我们团队在实践中发现了以下几种比较有效的企业机制。

（1）经营体机制：强调以经营体为利润中心，从制造单元到职能团队，重新定义职责和价值，推动职能中心获得价值思维，形成服务业务、推动业务、赋能业务的理念。

（2）创新小组：建立机制盘活企业内的创新、创业型人才，支持虚拟项目组进行内部创新甚至内部创业。该模式同样适用于大部分中等规模以上的企业通过虚拟项目组进行研发，在资源嫁接、技术支持等方面进行赋能，为企业制造更多利润增长点。

（3）OKR（Objectives & Key Results，目标与关键结果）机制：相对于强调数字考核的 KPI 机制，OKR 更注重基于重要目标的协同，它基于以客户为核心的价值交付理念来设计目标体系，关注关键结果和关键业务活动，使团队能够将精力集中到关键点。OKR 较适用于激发市场、技术、运营等团队的协同效应，有助于改变单点考核带来的本位主义的弊端。

（4）生态协同：成立产业创新孵化器，推动产业集团的生态战略落地。例如，阿里巴巴创新中心（Alibaba Innovation Center）是阿里巴巴集团基于互联网、云计算、大数据打造的科技类"双创"孵化服务平台，支持生态资源对接、平台服务共享，助力新产业技术落地；华立集团"润湾孵化器"是基于华立集团大健康、智能制造、新材料等领域的资源优势建立起的孵化平台。

我们看到，阿里巴巴集团通过共创会激发中高层进行可持续的战略探索，从而确定精准发展方向，并采用战略聚能环的模式，激发核心经营团队"看见一张图、凝聚一条心、攻打一场仗"，加速战略落地。吉利集团通过激活人才生态，建立人才森林，以战代训推进人才快速成长，助推全球化战略转型和升级。此外，还有许多企业正在通过各种机制激活员工的事业心和创造力，进行体系内协同创新和生态战略布局。这些企业的共同点是不遗余力地从理念、思维、方法或机制等层面，赋能组织的各个群体，支持这些群体行动起来，并且动得更快、更准，让创新更富有成效。

共创对话激活群体动力

赋能的本质是激活企业的群体动力，赋能企业的各个群体，使其具有更大的价值创造空间。我们用"群体动力"一词来描述这类策略。群体动力主要关注群体的组织结构、群体决策、合作竞争、领导行为、群体文化、群体情绪、群体信息传递、群体价值观等方面对群体内部、群体之间的行为的影响。群体动力可被运用于组织变革、战略落地、领导力培养、企业文化建设、制度创新等实践场景中。一般来说，一个具有良好的群体动力的组织通常会表现出以下几个关键特点：

（1）创建成员认可的、清晰的、可操作的共同目标。
（2）准确、清楚地交流思想和感受。
（3）相对公平地分配参与权和领导权。
（4）依照专业能力，平等地获取信息和权力。
（5）根据环境需要，灵活采取决策的程序。
（6）使用思辨共创方式发现问题并创造性地解决。
（7）直面冲突，建设性地解决冲突。
（8）具有批判性思维，乐于挑战现状。

如果企业管理者缺乏对群体动力的研究和运用，通过指令式会议、专制决策、强制任务、洗脑式培训、口号式文化宣贯等不适合新环境的方式管理企业，通常无法取得期望的成效。成功的企业在群体运作中表现出的理念、方法论或制度工具值得学习和参考，但每个企业发展阶段不同、群体特点不同、人才结构不同，激活群体动力的切入点和方法可能大相径庭，很难照搬。因此，我们需要从激活企业群体动力的根本点入手，设计适合该企业的激活方式和路径。

从多年企业咨询和引导实践中,我们发现在群体对话互动中,参与者思想和情感深度碰撞,容易催化企业期待的新思想、新行动和新价值,我们称这个过程为"共创对话"。它基于"共创",不是简单的意见交换、说服某人或无目的漫谈,其核心是破除对话的信息壁垒、思维壁垒及情绪壁垒,建立共创的文化。在共创对话中,每个人的想法就像是水滴,参与者彼此穿透语言,同理情绪,融合想法,实现再创造。本书后续章节中出现的共创对话是指"由两个或以上的个人或企业团队,在对话过程中建立平等、开放、积极的对话场域,参与者能同理倾听、客观解读、激活能量及智慧,探索更多创新、共识或行动的群体会谈"。

共创对话是一个从"我"到"我们",从"你们"到"我们"的过程,能够激发人内在的正能量,是实现企业生命单元联结效用最大化的关键途径(见图 1-2)。

图 1-2 共创对话的定义

本章核心内容

1. 共创对话的定义

共创对话是指"由两个或以上的个人或企业团队,在对话过程中建立平等、开放、积极的对话场域,参与者能同理倾听、客观解读、激活能量及智慧,探索更多创新、共识或行动的群体会谈"。共创对话是一个从"我"到"我们",从"你们"到"我们"的过程,能够激发人内在的正能量,是实现企业生命单元联结效用最大化的关键途径。

2. 群体动力

群体动力主要关注群体的组织结构、群体决策、合作竞争、领导行为、群体文化、群体情绪、群体信息传递、群体价值观等方面对群体内部、群体之间的行为的影响。群体动力可被运用在组织变革、战略落地、领导力培养、企业文化建设、制度创新等实践场景中。

3. 具有良好群体动力的组织的关键特点

(1)创建成员认可的、清晰的、可操作的共同目标。

(2)准确、清楚地交流思想和感受。

(3)相对公平地分配参与权和领导权。

(4)依照专业能力,平等地获取信息和权力。

(5)根据环境需要,灵活采取决策的程序。

(6)使用思辨共创方式发现问题并创造性地解决。

(7)直面冲突,建设性地解决冲突。

(8)具有批判性思维,乐于挑战现状。

第二章

共创对话的认知

我们在支持阿里巴巴、吉利等不同企业进行共创引导的过程中,一直在思考:如何才能让更多企业理解和运用共创对话,并通过共创对话来打造高绩效团队?共创对话是基于群体动力研究而生成的对话技术,我们十余年的研究和实践证明,共创对话技术能够切实赋能企业开发内在潜能,持续支持企业升级群体运作的品质。

共创对话的本质内涵

共创对话不同于普通的谈话,在 VUCA 时代,共创对话能够破除对话的信息壁垒、思维壁垒及情绪壁垒,建立共创文化,是企业的一项核心软实力。共创对话不是简单的意见交换、浅层次的交流、说服某人的过程或是无目的无意义的漫谈。在共创对话的氛围里,每个参与者都被欣赏、包容,每个参与者都被充分激发,每个参与者都在积极创造,每个参与者都能自发行动。通过共创对话将彼此的信息进行联结从而进行创造,超越了简单的信息交换,是深入情绪和思维的互动过程。一次成功的共创对话能够激发参与者内在的正能量,使他们享受当下,也能激发未来的共识、创新及行动,催化新的成长。共创对话是优化企业内部运作机制,实现企业生命单元联结效用最大化的关键途径。

在大部分企业的沟通过程中,你会发现,每个人的想法如同钢球一样,整个对话过程就像是一堆钢球不断碰撞的过程,充满混乱,缺乏系统。杂乱无章的信息、怨气满满的指责及推诿言论满天飞,过度争论、过度安静或一言堂现象屡见不鲜,参与者难以对目标达成共识,会议常常以草率的决策结束。久而久之,参与者疲于思考、懒得发言,慢慢就变得缺乏行动力与创造力。以下是我们对"钢球对话"与"共创对话"的差异进行的分析(见表 2-1)。

表 2-1 "钢球对话"与"共创对话"的差异

	钢球对话	共创对话
现场氛围	对峙的、客套的、关注个人的、非此即彼	平等的、欣赏的、赋能的,是整体的、融合的
对话过程	议题不清或跳跃,缺乏流程,无序无控,任其发展	具有明确的议题,有匹配的流程,系统而有序地推进,允许混乱存在且能控制混乱
参与者的感受	关注个人感受和个人观点,感觉混乱和无力,是耗能的过程	被包容、被激发、被欣赏,主动贡献,同理倾听,允许差异,探寻共识,是被赋能的过程

部分企业已经意识到"钢球对话"在不断地削弱企业的能量，阻碍企业的高效变革，也在采取各种措施予以应对，比如减少不必要的会议，优化或剔除某些流程，对沟通技能进行专题培训，建立小分队作战模式或者减少汇报层级等。这是一种良好的趋势，但是想要建立共创对话的文化氛围，需要长时间的实践和积累。共创对话文化的构建需要一个过程，当共创对话文化成为企业的主流文化后，"钢球对话"就会逐渐消失。当基层团队形成了共创的氛围时，基于共同的目标，他们也就具备了积极主动发现问题、协同共创解决问题的意识和思维，基层团队的执行力和创新力更加凸显，整体作战力随之提高。当企业核心经营团队实现共创对话时，产销研等系统才能协同共创，才能富有成效地推进企业的变革，企业内外的跨界共创体系才会被建立起来。当创业团队具备共创对话的能力时，企业才能预判用户的需求，整合内外资源进行敏捷开发，高效迭代，快速响应变化。

共创对话的四大要素

未来的企业将会突破传统金字塔结构的层级限制，构建生态网络状的共创型企业，从而激活群体动力系统，让群体的智慧自由流动，实现敏捷迭代和快速创造。未来，在共创型组织中，组织成员将突破固有界限，去对话、联结和创造，实现群体富有成效的互动。共创型组织不仅需要机制建设，更重要的是群体内外互动共创。为了建立信息共享、智慧生长、行动协同的共创型组织，可以在企业中植入共创对话。通过建立共创对话系统，赋能企业实现真正意义上的共创型组织，这个过程需要抓住切入的关键要素，主要包括以下几个方面。

识别和抓住关键会议场景

会议是形式，对话才是本质。影响企业战略落地、未来方向探索的一些关键会议场景通常是：战略探索研讨会、目标共识与拆解会、经营分析会、大项目分析会、产品规划会、市场分析会、复盘会等。这些会议场景的讨论结果会影响企业的行动方向、战术打法、资源分配等，从而影响企业发展的时机和质量。2020年阿里巴巴旗下的钉钉开启了高品质的运营推广会议，快速高质地推出了线上办公和线上教学的行动方案，促使钉钉在2020年成为了下载数量第一的App。因此，只有抓住关键会议场景，才能输出高品质的决策、行动和创新。我们需要将这些关键会议升级为共创对话，抓住影响企业的关键议题，激活相关参与者的智慧和能量。通过将这些关键会议升级为共创对话，我们可以厘清战术路径，发现和解决问题，凝聚团队和发现人才，判断变化和预判机会风险。只有这样，才能在激烈竞争中获得优势。

引入或培养一批共创引导者

在讨论那些影响企业战略落地和企业发展的关键议题时，如何保障对话的品质，如何评估对话的效果呢？通过许多企业的实践，我们发现一些高品质的会议通常会有一名关键的会议推进者，发挥"厘清和聚焦讨论方向""调整大家的状态""帮助大家打开思路""鼓励和支持某些关键观点""推进讨论的进程"和"支持决策"等作用。然而，在企业中，善于发挥这些作用的人比较少见，大多数人都是毫无章法地去支持一场对话，所以大部分企业的会议品质和效率需要进一步提升。在共创对话中，往往有人会扮演一个角色：共创引导者。共创引导者的核心意义是厘清共创需求，设计共创流程，运用共创思维和工具进行现场引导，促使不同的参与者进行高质量的研讨。在企业，经常参与或主持关键会议的管理层、BP、OD，需要掌握支持共创对话的引导技术，成为共创对话的共创引导者和支持关键会议对话质量的赋能者，能够引导参与者能量和思维的融合、激发，促进共识和创新。

构建共创对话的方法论

许多企业每年都引进新思想和方法论，但能融合生效的寥寥无几，企业无法形成适合企业自身的创新系统的打法。许多企业向外部进行对标学习，诸如向丰田学习持续改善，向华为学习艰苦奋斗，向阿里巴巴学习"三板斧"等，最后都不了了之，很难落地。反观华为、阿里巴巴这些企业，却能够结合外部思想，在企业内部生成一套适合自身的方法论，并且进行传承和创新，持续赋能企业。许多企业在学习它们的方法论时，没有学到本质。学习本质指的是学习它们的经验和规律。从阿里离职的管理人员往往会将阿里的方法带到新的公司，并进行复制，有些人取得了成功，但也有很多人反馈并不适用。作为企业管理者，需要具备建构方法论并形成自身管理体系的能力。要相信自己的管理团队有这个智慧，能通过引导者介入，在掌握规律的同时，与企业共同生成一套企业自己的共创方法论，然后在企业生态中进行循环赋能。这才是根本之道。

打造共创文化，植入共创对话系统

共创文化在许多企业被倡导但不被重视，许多管理层反馈共创是民主，不如专制的效率更高。其实，共创并非民主，共创是一种模式，并不是集体决策的近义词。共创文化有有形和无形之分。有形部分包括空间场所的设计是否鼓励参与、鼓励创新、鼓励对话；无形部分包括共创理念以及建立鼓励探索、鼓励创造、鼓励变革和鼓励担当的一些共创机制等。只有把平台搭建好，才能激活个体，从而激活组织，给更多人才发挥的空间和创造更持续的利润增长模式。

所以在企业中植入共创对话系统，需要从关键会议、共创引导者、共创方法论和共创文化这四个关键要素的培育开始进行。

企业植入共创对话的三个阶段

我们可以预见，未来的企业将会突破传统金字塔结构的层级限制，构建生态网络状的共创型企业，其特点是能充分激活组织的群体动力系统，让群体的智慧自由流动、互联激发，从而实现敏捷迭代、快速创造。共创型组织不仅是一种内部机制建设，更重要的是，它能激活群体突破固有界限，去对话、联结和创造。

那么，怎样才能更快地建立这种信息共享、智慧生长、行动协同及资源共生的共创型组织呢？我们可以通过"将关键会议升级为共创工作坊""赋能战略落地的管理者和助推者"以及"打造共创文化"三个阶段来植入企业共创对话，帮助企业转型为共创型组织（见图2-1）。

图 2-1　在企业中植入共创对话的三个阶段

阶段一：将关键会议转化为共创工作坊

抓住影响企业战略落地的关键会议，并将关键会议升级为不同主题的共创工作坊。

会议是企业中的重要对话形式。在现实中企业员工疲于奔会，会议过程混乱低效的现象经常发生，长此以往，员工的创造力将逐步变得缓慢，甚至停滞。部分企业在关键会议中尝试过通过头脑风暴等方法实现共创，只是它们会慢慢发现，会议不仅仅需要头脑风暴等工具，还需要设计相应的流程，建立高能场域，匹配合适的对话工具，在会议中引导所有参与者深度联结，以推进对话核心目的的达成（焕发能量、催生共识、创新及行动等），这样的关键会议将慢慢升级为共创工作坊。由此可见，共创工作坊成为传统会议的进化方向，当共创工作坊的形式深入人心时，人们将会更加拥抱"让我们共创吧"的理念，而不是"让我们开会吧"。为了更好地在实践中运用共创工作坊，我们先要厘清传统会议与共创工作坊的区别（见表2-2）。

表2-2 传统会议与共创工作坊的区别

	传统会议	共创工作坊
议题、目的、目标	会议主题通常较为广泛，如产销联动会 会议目的和目标难以厘清，如提高销售业绩	主题更为聚焦，如第三季度产销联动，交付攻坚战 目的更为明确，如提高交付环节的满意度，降低交付成本 目标更加精准，如重点输出第三季度交付环节的解决方案及行动计划
主持人	通常由某位领导担任 没有明确的主持人，随时可以更换 谁的权力最大，就由谁担任主持人	由一位掌握共创引导技术的人担任，这个人可以是某位员工、领导或与会议无关的人，但在会议开始时需要明确告知参与者
约定	可能是时间约定、纪律约定，或者几乎没有约定	对于对话规则有一些基本的共识，并在会议开始的时候快速达成共识
流程	只有粗放的议程，缺少围绕会议主题的对话流程设计、物料匹配及工具支持	根据对话的需求，提前设计共创引导流程（设计议题—对话流程及输出物等要素），参与者了解流程的逻辑及阶段性输出物
决策	决策模糊不清，或由某位领导直接拍板，或者不做决策	明确决策点是否回应了目标，并支持参与者进行群体决策

有许多影响企业战略落地和企业发展的关键议题，企业多数时候是通过会议的形式研讨这些议题的。企业可以将这些会议升级为共创工作坊，通过共创对话来促进结果的达成。比如阿里巴巴的"战略共创会"和"三板斧"等，均是融合阿里巴巴的文化、经营理念和群体特质形成的独特的共创工作坊。在组织中，这类关键议题一般有几种类型：变革创新、问题解决、目标推进及学习发展等。

- 变革创新类议题：组织基于商业环境变化，在战略方向、商业模式、产品研发、运营方式等方面进行探索。变革创新类议题是共创对话一个应用领域。这类议题往往由企业高层发起，由战略规划、经营促进部门或OD团队等承接。
- 问题解决类议题：基于一个实际的生产问题、质量问题、营销问题、流程协作问题，寻求最佳的解决方案。问题解决类议题是日常管理中重要的对话主题。这类议题经常出现在业务落地的过程中，往往由业务管理者发起，在周度、月度的经营分析会或专项会议中启动。
- 目标推进类议题：目标推进是推进项目实施的关键对话主题，对于目标明确的项目来说，对这类议题的讨论旨在解决项目推进过程中的新情况，沟通协作障碍和获取资源等，促进团队成员快速高效地按计划推进项目实施，达成阶段性目标。这类议题经常出现在新一年开始时的战略目标拆解、季度绩效或中期复盘中。
- 学习发展类议题：学习发展类议题能够从根本上驱动业务及人才成长，而在学习与发展项目中引导参与者探索、反思，建构新的思维模式及行为模式的过程，本质上就是一次共创对话。这类议题更关注学习与业务的转化运用，有助于将业务难题与所学知识融合，实现知行合一。

可见，企业领导应多鼓励业务线管理者将关键会议升级为共创对话，逐步建立一种共创的氛围，这对企业植入共创对话具有重要意义。

阶段二：赋能战略落地的管理者和助推者，培养企业内部共创引导者

赋能企业中战略落地的管理者和助推者，如 HRBP、OD 等，支持他们掌握共创引导技术，扮演共创引导者的角色，成为战略落地和组织变革的关键发起者和助推者。

目前，许多企业中的管理者仍然在采取发号施令的管理模式，依靠管理者自身的大脑推进业务发展，然而这种模式是难以持续运作的。未来的环境需要更多富有创新和变革意识的团队，管理者需要进化为领导者，才能打造、引领这些富有创新和变革意识的团队。所以许多优秀企业都在为中高层管理者开设领导力培养项目，其目的是打造一批具有优秀领导力的管理队伍。事实上，领导力的本质在于激励群体相信未来，引导群体创新求变，推动群体高质量行动，支持群体获取协同和资源，从而引领群体实现目标。领导者将弱化其管控者角色，但会强化其激发者、引导者、推动者和支持者的角色。共创引导是一场通过利他进行的行为修炼，它支持管理者从管理团队到激活团队的升级，亦能更好地支持管理者从管理到领导的蜕变。

此外，人力资源工作将会以业务为中心进行转型升级。企业的 OD 和 BP 等新角色的核心价值是支持企业厘清发展方向，实现战略落地。所以他们是经营者的内部参谋团或助力团，在某些关键主题的研讨中，他们可以扮演共创引导者的角色，支持业务方进行富有成效的共创。同时，人力资源团队可以结合企业不同发展阶段的特点和需求进行定制和推广，反哺企业生态圈，共建共创土壤。

战略落地的管理者和助推者掌握共创对话的引导技术，扮演共创引导者的角色，可以加速共创对话理念和方法扎根于企业的进程，使企业绽放生命力。

阶段三：打造共创文化以持续培育共创土壤

建立具有企业特点的共创文化，其中共创对话理念是共创文化的精髓。

企业文化如同纲领、基因，在企业的战略规划、产品开发、经营决策、员工言行中，都有企业文化的缩影。企业文化是可以传承和突破的，许多企业会根据内外环境和发展阶段进行企业文化的转型升级。比如，腾讯在2019年将发展愿景由"成为最受尊敬的互联网企业"升级为"用户为本，科技向善"，作为纲领指引腾讯的未来。又如，某家电企业在早期创业阶段强调成本文化，而在企业实现稳健发展后，将企业文化升级为以用户为中心的工匠精神，关注用户的极致体验。

越来越多的企业开始关注和植入共创文化。比如，阿里巴巴在2019年发布了"新六脉神剑"，引起阿里内外人士的共振。然而，这个结果并不是老板拍脑袋得来的。这次升级历时14个月，经历了5轮合伙人专题会议，累计467名组织部成员参与了海内外共9场讨论，对全球各事业群不同司龄、岗位、层级、年龄的员工进行了调研，得到建议反馈近2000条。经过对每个字、每个标点符号的仔细推敲，"新六脉神剑"修改了20多稿，最终正式出炉。这一文化升级过程的本质就是突破区域、层级、组织边界的深度对话和集体共创。可见，共创文化既能适应复杂多变的环境，又符合新生代员工的心理诉求，企业可以基于自身特点进行共创文化的提炼和落地。共创文化的打造过程是一个长期的工程，我们可以具体从定义共创文化，提炼共创方法，设置共创空间和建设共创机制这四个方面入手（见图2-2）。

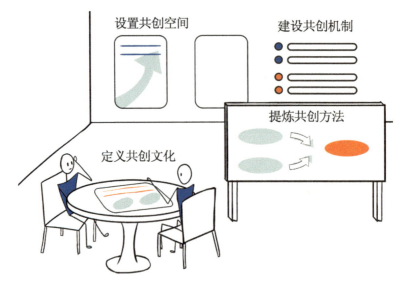

图 2-2 打造共创文化的四个方法

（1）定义共创文化。我们发现，许多企业的会议室都挂有"会而有议、议而有决、决而有行、行而有果"的标语，这是对会议精神的一种高度提炼。然而，大部分企业的会议决策都被束之高阁，因为没有具体的操作方法，很难落地。如果我们想在企业中打造共创文化，要如何避免这样的窘境？建议的做法是：第一，先通过共创工作坊使员工对共创有一个深度的体验；第二，将管理者的理念、思维和技术进行升级，使其成为有意愿、有能力的共创领导者；第三，集合企业核心团队的共创体验，提炼适合企业自身的对话思想、原则和行为指南，从而形成共创文化。只有基于企业特质和痛点的共创文化才能被员工认同。

（2）提炼共创方法。如果说共创文化是道，指导员工的思想和行为，那么共创方法就是法和术。不同企业的业务模式、管理模式都不一样，每家企业都需要量体裁衣地定制自身的共创方法。多数企业的管理层习惯于复制性的学习模式，这样一来，他们只能学到形式，但对本质内涵缺乏深度理解，也缺乏对企业自身的思辨分析，自然无法学以致用，加以突破。学习型组织建设更多的只是停留在年度报告上作为概念被提起，企业的领导者或管理团队无法总结提炼自己的管理哲学、经营理念，而从实战中提炼出来的原创方法论就更少了。我们建议企业结合自身业态特点和管理模式，在通用方法论的基础上，生成企业的共创方法体系，形成"共同语言"。

（3）设置共创空间。共创空间是指由一切支持共创发生的场地，场地中配置的物品以及场地颜色等组成的综合空间。共创空间是支持共创对话的有形容器，可以说是一个有形的能量场。共创空间在企业中并不常见，大部分会议室配置的都是固定的长条桌，层级感和距离感较强，不利于参与者进行平等、舒适和快乐的讨论。设置共创空间不仅是硬件上的升级，更重要的是营造更利于共创对话的氛围，如使桌椅色彩丰富，白板可以360°旋转，墙面成为"共创墙"，以及采用讨论桌布等，这些布置会直接影响参与者的思考质量和情绪能量。因此，企业可以在现有的会议室中挑选几个关键会议室进行升级，借助可视化、可书写的墙面设计，匹配富有能量的色彩和辅助共创的道具，以支持不同主题的共创，如协同作战室、战术研讨室、创新激发空间、团队建设空间等定制化的多功能空间。

（4）建设共创机制。在我们支持的企业中，大部分都已经进行了共创机制的建设，小到虚拟项目组模式，大到产业孵化器。不同企业处于不同的发展阶段和行业位置，但都可以进行共创机制的探索。一般情况下，服务内部群体的共创机制主要有OKR目标机制、虚拟项目组、创新学院等，这些机制可以支持企业经营协同、新领域探讨、创新项目孵化等。外部群体共创机制主要服务于生态战略的布局，如产业孵化器等，用于引入或共同孵化与生态资源相融合，符合战略蓝图的新项目。

本章核心内容

1. 共创对话的四大要素

    （1）识别和抓住关键会议场景。

    （2）引入或培养一批共创引导者。

    （3）构建共创对话的方法论。

    （4）打造共创文化，植入共创对话系统。

2. 企业植入共创对话的三阶段

    阶段一：将关键会议转化为共创工作坊。

    阶段二：赋能战略落地的管理者和助推者，培养企业内部共创引导者。

    阶段三：打造共创文化以持续培育共创土壤。

3. 打造共创文化的四个方面

    定义共创文化，提炼共创方法，设置共创空间和建设共创机制。

第三章

成为共创引导者

我们参加过许多不同类型企业的经营策略会或计划研讨会,在他们的研讨过程中,我们时常会捕捉到这样一些场景。

- 讨论杂乱无章:当企业高层管理者需要探讨某些突破性议题,比如"如何提高企业的管理效能"时,参会者往往会在现场你一言我一语,杂乱无章,就算有一些好的想法和建议,也很快会被淹没在无序的研讨中。
- 交流相互推诿:研讨过程成为相互指责、相互推卸责任的过程。"既然采购部说无法保证按时交付,那我们也不会按时交付给你们销售部的!"类似的话总是频繁出现。
- 思维陷入瓶颈:研讨过程中无法提出创新的思路或者找不到正确的方向。

你是否也对这样的场景似曾相识？如果你所在企业的内部会议也经常出现类似场景，那么，你的企业此时正需要一个主持共创对话的人——共创引导者。

共创引导者：共创对话的驱动力

在共创对话过程中，通常会有某个人担任本次共创对话的主持人，我们赋予了共创对话的主持人一个角色称谓：共创引导者。不同于普通的主持人，共创引导者能够借助一些方法和技术，促使人们放下身份与偏见，真实地表达情感和观点，让彼此被听见或被看见，最终形成共识乃至行动。

共创引导者在企业中不可或缺，他可以从以下四个方面支持企业的共创对话。

设计和推进共创对话流程

共创引导者支持参与者明确对话的目的和产出，基于共创对话的主题对对话流程进行定制化设计，并根据现场需要修改和推进流程。共创对话结束后，共创引导者还将继续推进共创对话的成果发布和分享。

支持共创对话中的能量调节

例如，在某次共创对话中，某位来自生产部的参与者提出："既然采购部说无法保证按时交付，那我们也不会按时交付给销售部的！"对于所有听见这句话的参与者来说，它削弱了团队整体的能量，因而，共创引导者需要将这句话转化为："您的意思是说，零配件的准时交付是影响产品交付周期的关键因素，所以实现产品按时交付的关键切入点之一是保障零配件的准时交付？"通过转化重述，共创引导者可以支持参与者把关注点从情绪对抗转移到问题解决上来，避免进入耗能的对话状态。

进行共创对话中的智慧激发

某企业负责销售的副总提出议题："今年我们需要在不增加销售预算的基础上，提高30%的销量，有什么方法？"如果现场参与者出现了思维的卡壳，无法输出更具创新性的想法，那么，共创引导者需要对参与者进行适度激发，比如从以下几个方面抛出问题："我们可以从市场、渠道、团队、产品等维度进行发散思考。对于成熟市场，我们如何挖掘增量市场？对于新兴市场，我们如何进入？我们需要开拓哪些新的渠道？现有的作战团队如何更好地进行协同？如何通过新平台进行市场推广？"共创引导者的发问可以帮助参与者打开思维，突破瓶颈，由此，创新的构想才可能产生。

支持共创对话的文化建立

从长远来看，组织内部的共创引导者能够支持组织植入共创对话，建立共创机制和文化，从而持续支持组织发展。例如，吉利汽车公司内部培育了一批具有共创对话能力的业务伙伴及共创引导者，并开发出了一套适合企业不同业务领域的共创工作坊，以持续支持组织的变革创新、学习发展和绩效改善等。在新业务的拓展上，共创引导者将成为新业务伙伴，他们会将共创对话引进新业务拓展的全过程，并将共创文化植入新业务中，从而加速新业务的孵化和发展。

总之，共创引导者需要构建一个能量和智慧的交汇点，让能量和智慧在这个交汇点上进行上传—交换—转化—融合—再生。共创引导者的内在能量能够影响参与者的能量场，从而影响对话氛围。通过共创对话，共创引导者还能够实现赋能于人。所以共创引导者将在组织中扮演越来越重要的角色，他们将成为组织能量和智慧的激发者，持续支持领导者更好地引领团队、突破业务、探索未来。

那么，共创引导者还需要具备哪些能力，秉承怎样的信念，才能更好地发挥共创对话的价值呢？

共创引导者：需要具备的六项能力

只有激发人与人的情感联结、思维联结，才能产生积极的共创结果。因此，作为共创引导者，我们既需要关注和引导参与者的对话状态，也需要关注基于共创议题的思想交流及成果推进。共创引导者不仅需要了解群体动力学、应用心理学、组织行为学等学科的一些基础知识，还需要发挥六大基本能力，将其作用于共创对话过程中的情绪引导及思维引导中。这六项能力如图 3-1 所示。

图 3-1　卓越的共创引导者需具备的六项能力

- 目标力：未来导向，关注对话目的及成果。
- 逻辑力：能够进行系统的分析，全面理解、灵活调整和引导流程。
- 呈现力：能够进行快速精准的视觉呈现，启动参与者左右脑的运作。
- 乐活力：基于事实的积极乐观，而非盲目乐天。
- 开放力：保持中立开放的状态，悦纳当下。
- 洞察力：觉察自己及他人的能量变化并进行调整。

在这六项能力中，目标力、逻辑力及呈现力更关注思维引导方面。目标力、逻辑力及呈现力的支持性行为（见表3-1）表明，共创引导者在对话主持过程中，能清晰聚焦议题、把控流程、激发观点及催化共识，引导出较高质量的决策。反之，削弱性行为过多则说明他在对话过程中较少关注对话目标，对流程缺乏应变力，这容易导致议题混乱、观点纠结不清，而使会谈陷入僵局。

乐活力、开放力和洞察力更关注情绪引导方面。乐活力、开放力及洞察力的支持性行为（见表3-2）表明，共创引导者在对话主持过程中，能关注人的感受、情绪及能量，并能够引导参与者保持较好的参与状态。反之，削弱性行为过多则表明他在对话过程中较少关注甚至忽略了参与者的感受和状态，这容易导致参与者因状态不佳而陷入漠然、无视或对抗的情绪中。

共创引导者可以依照表3-1和表3-2来检视自己在对话主持中的行为状况。

表 3-1 对话主持行为自察（思维引导）

	支持性行为	是/否	削弱性行为	是/否
目标力	会议开始时，支持参与者厘清会议目标及输出物。会议结束时，促使参与者对本次会议的输出物达成明确共识		对会议目的、目标及输出物的认知及理解不到位，无法推进参与者形成共识	

（续）

	支持性行为	是/否	削弱性行为	是/否
目标力	敏锐觉察对话进程的推进，避免跑题或偏题		引导参与者偏离了主题，甚至对对话进程出现偏题、跑题不敏感，或过度发散而无法聚焦	
逻辑力	善于倾听，客观解读参与者的想法，并能将其关键意思进行准确的复述		无法专注倾听、系统理解和有效解读参与者的想法	
	善于关联不同的想法，提出高质量的问题，激发参与者进行关联分析或拓展思维		未能有效地收集参与者的更多想法，当陷入思维瓶颈时，无法提出有意义的问题，激发参与者更广、更宽、更深地思考	
	把控进程及现场状况，并灵活高效地按需调整流程。支持参与者系统厘清、聚焦、区分需要探讨的重要话题		当现场需要调整流程时，以自己为中心，固执地坚持原定流程，或者没有能力快速地调整流程。对由少数人控制的"编外话题（会中会）"束手无策，陷入混乱的局面	
呈现力	运用板书，快速将参与者的想法"精准而不啰唆"地呈现		板书速度慢，字迹潦草，无法准确记录讨论内容，甚至在记录时篡改他人想法	
	在发问、复述或建议时，语言精简、直接、清晰而有条理		个人表达啰唆、无条理，导致参与者难以理解	
	善于运用框架图、表格、矩阵、因果图等工具呈现想法的内在逻辑，以便参与者快速理解		在记录内容时，使用大段的文字，记录内容缺乏逻辑性	

请统计你的结果：支持性行为（ ）项，削弱性行为（ ）项。

表 3-2　对话主持行为自察（情绪引导）

	支持性行为	是/否	削弱性行为	是/否
乐活力	保持微笑和目光接触，经常使用正面的语言及肢体动作		表情冷漠或过度严肃，语言负面、语调低沉或语气强硬等	
	正能量地看待对话过程中出现的僵局或混乱，并积极应对		对进程中遇到的障碍表现出无奈、厌恶或者不知所措的负能量状态	

（续）

支持性行为		是/否	削弱性行为	是/否
开放力	保持中立，开放地接纳参与者的各种观点		经常否定或打压参与者的想法，对自己不认同的观点表现出忽视或不屑的情绪	
	尊重而公平地看待参与者，并适度包容、理解对方的抵触情绪		被参与者的抵触情绪影响，产生防卫心理，陷入回避或冲突的人际关系的纠结中	
洞察力	及时察觉自己的能量状态，并能够快速调整为正能量的状态		无法觉察和调节自己的内在情绪，进而对自己的语言、表情、动作及思维失去控制，表现出负能量	
	敏锐地觉察参与者的内在感受、人与人的情绪动态，有效疏导情绪及冲突		忽视参与者的顾虑及感受，对冲突放任自流，对现场能量无效管理	

请统计你的结果：支持性行为（ ）项，削弱性行为（ ）项。

共创引导的能力主要是通过实践习得并得到提升的，所以作为共创引导者，我们可以一边行动一边学习。

共创引导者：需要秉承的三大信念

一次共创对话在本质上是一场参与者的情绪能量和思维结晶共同作用的过程，是一次心智进化的过程。如何支持一群人将内在的能量和智慧加以呈现、联结和升华，是共创引导者面临的关键挑战。共创引导者不仅是共创对话流程的主持人，同时也是能量和智慧的激发者。共创引导者的内在状态会影响参与者的状态。为了更好地履行共创引导者的角色，我们提倡共创引导者在引导过程中要秉承三大信念：相信参与者的动机是正向的，相信参与者的想法是有价值的，相信参与者是愿意去行动的（见图 3-2）。

图 3-2 共创引导者需要秉承的三大信念

- 相信参与者的动机是正向的：在动机方面，共创引导者要相信参与者的内心是希望事情变好，愿意积极解决问题，而不是故意挑衅或对抗的。当共创引导者在内心对某位参与者的动机有了负向判断，比如"他就是这样子的，一直都喜欢故弄玄虚地表达自己"，那么共创引导者的内心也会随之转换成负能量状态。所以共创引导者要时刻觉察自己的内心，一旦觉察到自己存在偏见，就应该立刻调整自我。
- 相信参与者的想法是有价值的：共创引导者要相信参与者的想法都有其价值，避免陷入"想法无用论"的判断。共创引导者经常会无意识地带入自己的立场和观点，可能会对那些与自己想法不一样的观点产生抵触，从而削弱参与者的投入度，并影响最终决策的质量。所以共创引导者必须客观地看待每个观点和想法。
- 相信参与者是愿意去行动的：在行动方面，共创引导者要相信参与者愿意将共识落地，相信参与者能够不受某些言论影响，而是希望避免出现如"会而有议、议而有决、决而不行"的局面。行动无用论式的担忧容易在头脑风暴的瓶颈阶段产生，它会导致放弃、妥协和迁就的心态，并可能会让共创对话被动中止，回到原点。

共创引导者：需要培育的觉察能力

佛教《四念住经》中曾提到一个词"念"，也被称为"念根"，指人的一种心理过程，人的内在能量在很大程度上会受到过去"念"的影响。当我们的"念"保持在积极、善意、平和的状态时，有助于我们形成向上、持续、精进的力量。在共创对话的过程中，我们经常会产生各种各样的情绪，这些情绪有积极的，也有消极的。积极的情绪能够促使对话更好地发生，而消极的情绪如果无法被有效引导，则会导致负面的结果。共创引导者自身的情绪和思维也会直接影响参与者的整体情绪和思维的突破。

◎ **案例**

对话中，有位参与者举手打断了对话的进程："我觉得讨论来讨论去都没什么结果，过去已经讨论过很多次了，每次都是绕来绕去，我不想参加讨论了。"在场的参与者都听到了这句话。

如果你是本次共创对话的共创引导者，你是否感到：

莫名其妙、受辱、无奈、不知所措、害怕、愤怒？

你是否冒出了以下想法：

"这个家伙平时就是这样，总是打岔，他就是故意的。"

"又来了又来了，早知道就不邀请他参与了。"

"讨论了那么多次还没有解决，不就是因为像您这种耐不住性子的人太多了吗？"

"他有意针对我，怎么办？"

"怎么会出现这个状况？真是难堪。"

你是否计划做出以下反应（答复）：

"您可不可以耐住性子，先听听大家怎么说？"

"为什么每次讨论都没有进展呢？是不是每次都没有讨论完就结束了呢？"

"如果您有其他更着急的事情，您可以先离开。"

"如果讨论没有效果，那么您觉得用什么方式更有效果？"

当共创过程中，参与者出现负面情绪或者引导过程被挑战的时候，共创引导者通常会产生类似的情绪、想法和反应，这会影响对话的质量。共创引导者只有不受愤怒、自卑、忧愁、焦虑等消极情绪的困扰，才能让自己的思维聚焦在积极面，形成积极的力量，去感受发生的一切并积极应对当下现实。所以时刻觉察内在的负向念头（见表3-3），是提升自身内在能量的前提。

表3-3 常见十大负向念头觉察表

序 号	负向念头（偏见、愤怒、自卑、不配、忧虑、害怕等）
1	我是领导，我来引导他们，他们会不会觉得我在挖坑
2	某些人脸色有些不悦，是不是我引导错了
3	我很焦虑，我并不清楚该如何引导
4	面对冷冰冰的场面，我感觉很痛苦
5	他们的想法实在混乱，我想还是由我来指派任务算了
6	我对召集角色失去了信心，我还是放弃吧，老方法更简单
7	我陷入了某方的观点，反对另一方的想法，甚至有些讨厌
8	我有些厌烦他们，我觉得他们很不配合
9	我第一次介入他们，没他们那么懂业务，他们会不会笑话我
10	我的职级跟他们不对等，自然也掌控不了他们

对于绝大部分人来说，觉察自己的"念"和引导自己的"念"都较难实现，需要一个长期的学习过程。对于共创引导者来说，修炼自身的内在能量同样需要经过长期的实践和积累。就共创引导者如何改善内在状态，我们认为以下三个技巧会很有帮助（见图3-3）。

图 3-3　共创引导者修炼内在能量的三个技巧

（1）有意识地觉察：深呼吸，采用积极暗示的方式重拾信心，保持亲和。作为共创引导者，你要想象参与者经历暴风骤雨后见到彩虹的情景，接受目前的状况并坚持下去。

（2）悬置负向判断：作为共创引导者，你要主动看到参与者的积极面，激发自己好奇探询的欲望，悬置自己的判断，不陷入辩论和说服中。

（3）积极聚焦当下：作为共创引导者，你要倾听参与者的对话，厘清对话的进度和逻辑框架，聚焦如何改进，并梳理或调整下一步引导流程。

回到上面的案例。

对话中，有位参与者举手打断了对话的进程："我觉得讨论来讨论去都没什么结果，过去已经讨论过很多次了，每次都是绕来绕去，我不想参加讨论了。"在场的参与者都听到了这句话。

如果你是本次共创对话的共创引导者，你感到：

好奇、惊讶、平和。

如果你冒出了以下的想法：

"他希望快速看到令人满意的讨论成果。"

"他是一个真实的人，真诚地分享了他当下的感受。"

"他可能发现了讨论过程的一些问题，但是又无法更好地梳理、表达出来，他觉得有些困惑和难受。"

如果你计划做出以下反应（答复）：

"很感谢您坦诚地分享自己的感受，请问在刚才的讨论中，哪些关键问题已经有了明确的结论，已经不需要讨论了，哪些问题还需要进一步探讨？"

"谢谢您勇于表达您的真实感受，您觉得我们的讨论在哪些点上卡壳了？为此，您有什么建议可以贡献出来？"

"OK，您和我们分享了自己当下的感受，说明您很渴望快速得到令大家都满意的讨论结果。您觉得大家在讨论过程中还需要什么支持？"

感受一下，共创引导者的不同情绪感受和思维结论，会对整个对话现场产生哪些不一样的影响？如果共创引导者这样回应，接下来会发生什么？相信你能够预知到。如果我们无法觉察自己的情绪和思维过程，那么就无法快速自我引导。如果共创引导者无法觉察和引导自己的感受，甚至消极地推理，共创对话就会受到过多负面情绪的干扰，难以朝积极的方向推进。反之，如果共创引导者具备正向思考的思维，那么自然而然，他主持的共创对话就是充满正能量的，能够促进积极结果的发生。

人人都能成为共创引导者

只要感兴趣并且愿意去学习，人人都能成为共创引导者。共创引导是一种美妙的体验，共创引导者是一个充满魅力的角色。想象一下，如果你能将一次次枯燥无味、混乱低效的会议转化为能够产生更多快乐、更多成长、更多共识、更多创新与更多行动的会议，那会是多么奇妙而富有意义的事情。虽然共创引导者并不是想法、行动和结果的创造者，但是他们是激发者、赋能者、纠偏者、陪伴者和见证者。

企业需要这样的共创引导者,而一般来说,企业管理团队和转型中的人力资源团队比较适合发展成为企业内部的共创引导者。

企业管理者

共创引导技术的学习过程本质上是领导力的修炼过程。在我们支持的企业中,多数企业会引入领导力的相关课程对管理者进行特训,以升级理念和提高能力。但在大部分企业中,管理层的培训是低效的,管理行为无法实现持续有效的转变,经常出现"听时激动、回去不动"的情况。事实上,对管理层来说,找到他们高频参与的企业场景,通过"高频场景 + 以战代训"的方式,才能实现行动带动反思,反思引发顿悟,顿悟强化新思维的植入。而企业的高频场景就是"会议"。会议是将问题、团队、资源等整合在一起的场景,目的是促进目标达成或问题解决。如果管理者能将企业的每一场会议都升级为共创对话,那么部门协同、团队激发、问题解决、目标促进、业务创新等需求都能在会议中得到满足。在这个过程中,该管理者将具备带动企业实现富有成效的变革的共创领导力,能够持续打造共创型组织,同时构建组织的共创文化。因此,我们鼓励企业管理者掌握一些共创对话的基本理念和流程,并结合自身的业务难题引导团队进行共创对话。

转型中的人力资源团队:OD、HRBP 与企业内部培训师

目前,人力资源管理职能转型比较共识的做法是剥离行政类人事,转而培养一批专业的共创引导者。他们可能是企业的 OD、HRBP、内部培训师(以下简称内训师)等,在推进组织变革、战略落地、管理升级、人

才发展时，他们可以成为一股重要的支持力量，通过设计一系列的主题共创工作坊，支持变革的有效推进。OD要能够支持企业高层进行战略落地、条线协同、架构和机制迭代，为此，他们需要支持业务方的核心管理团队进行讨论、对齐、协同和联动。而HRBP会成为助跑者，在关键的业务经营会、分析会中扮演组织者和协调者的角色，支持业务领导组织好相关会议工作。关键人才梯队建设是影响企业持续发展的源动力，企业内训师在内生型人才建设中承担着核心的统筹组织和资源匹配的工作，他们对企业最为了解，是企业智慧、经验、信息和组织文化的传播者。在我们服务的客户中，存在着这样的现象，一是许多内训师找不到授课的成就感，二是受欢迎的内训师虽然口才好，课堂内容妙趣横生，深得学员喜欢，但是良好的课堂氛围未必意味着知识能被有效地转化落地。企业内训师队伍需要解决的两大难题是："如何在短时间内将分享内容与当下的业务问题进行关联共创"，以及"如何进行学习者的能量和思维引导，实现高品质的互动"。而让内训师掌握共创引导技术，可以将单一授课模式的课堂转化为共创互动课堂。这个过程非常有意义，让企业内训师成为共创引导师，将企业议题、知识经验、思维激发融合在一个虚拟学习探索空间中，强化了知识经验与现实难题的关联，也催化出了更多新观点。

避免"角色混乱"

企业的会议很多，在不同的场景下，参与者扮演着不一样的角色，有时会不知不觉陷入角色混乱。比如，在某些时候，管理者自身是本次对话的发起人，也是关键的参与者，可能还兼顾着会议主持人，即共创引导者的角色，在这种情况下更容易发生角色混乱。如果共创引导者能够觉察到角色混乱，就要接受现状并努力自我修正。

对此，我们乐于分享一些实践经验，帮助共创引导者更好地应对可能出现的挑战（见表3-4）。

表3-4 角色混乱引发的挑战及应对措施

当共创引导者是……	可能出现的挑战	应对措施
领导者	参与者：可能会因为共创引导者是自己的领导而产生过度防卫，时刻观察领导的反应或害怕自己的想法得不到认同，因此在参与过程中难以表露真实想法 领导者：过多地担忧共创引导出来的决策与自己预想的想法不一致，从而在引导过程中过多地带入自己的想法，导致出现参与者附和领导者想法的情况	领导者担任共创引导者时，要摘下领导的帽子，适度地将思维及行为模式调整到共创引导者的状态。在开场时，领导者要重点强调自身的共创引导者角色 领导者希望参与者发表个人建议时，可以要求他们将建议写在卡片上由某个参与者代为发表，或者表明立场——自己的想法仅仅是其中一个想法
团队成员	参与者：可能会对该共创引导者缺乏尊重，敷衍地进行对话 担任引导者的成员：过度考虑现场领导的面子，对其听之任之，遇到跑题、一言堂等情况也不进行必要的引导，导致会议被某个领导带跑或者流于形式	建立自信，培养开放的心胸，并积极推进对话 开场时约定规则，并友好地引导参与者遵守约定
其他部门同事	参与者：感觉会议主持者既不是专业共创引导者，又不熟悉部门成员及运作，可能会挑战其权威性 担任引导者的同事：会考虑到同事关系及个人引导经验而有所迟疑，会担忧因无专业经验而引起混乱	建立自信、积累经验，与会议发起者共同设计流程 有节奏地推进会议进程，并掌握好现场的能量，建立中立乐观的态度
内部或外部专业顾问	参与者：可能会对专业顾问产生经验依赖或信息依赖，打断引导进程并咨询顾问的建议 专业顾问：引导会议时可能会难以摆脱专家心态，忍不住介入会谈，给予过多的想法	开场时，明确自己的共创引导者身份，并保持共创引导者中立乐观的态度 在被咨询或希望发表观点时，先告知参与者自己要切换角色，再适当发表想法

本章核心内容

1. 共创引导者如何支持企业的共创对话

   设计和推进共创对话流程，支持共创对话中的能量调节，进行共创对话中的智慧激发，支持共创对话的文化建立。

2. 共创引导者需具备的六大能力

   目标力：未来导向，关注对话目的及成果。

   逻辑力：能够进行系统的分析，全面理解、灵活调整和引导流程。

   呈现力：能够进行快速精准的视觉呈现，启动参与者左右脑的运作。

   乐活力：基于事实的积极乐观，而非盲目乐天。

   开放力：保持中立开放的状态，悦纳当下。

   洞察力：觉察自己及他人的能量变化并进行调整。

3. 共创引导者的三大信念

   相信参与者的动机是正向的，相信参与者的想法是有价值的，相信参与者是愿意去行动的。

4. 共创引导者改善内在状态的三个技巧

   有意识地觉察，悬置负向判断，积极聚焦当下。

第四章

开启高品质的共创对话

一场高质量的共创对话，必须要有一个非常重要的角色——共创引导者。在上一章中，我们提到共创引导者可以由某位参与者担任，也可以专门聘请专业的共创引导者支持关键性的对话。在我们从事共创引导的经历中，我们努力培养了一批引导式管理者、引导式培训师及专业共创引导者，也摸索出了一套更适合中国企业的学习流程、技术和工具。

对于共创引导者的培养和成长，我们提倡边操作边学习，直接行动起来，在做中学。当然，行动之前需要先思考以下几个问题：

实践一次共创对话需要把握好哪些关键点？

基于这些关键点，共创引导者要完成哪些关键任务？

这些关键任务的具体操作流程是什么？

有哪些资源、技术或工具可以支持共创引导者？

共创对话钻石模型的运用

想法是产生共创对话成果的源头。基于议题的复杂程度,共创对话过程可能会包含多次的发散与聚焦,最终才能达成我们想要的结果。共创对话的基本逻辑是聚焦议题—激发想法(挖掘想法—梳理想法—联结想法—创新想法)—共识决策,我们将这种逻辑称为共创对话钻石模型(见图4-1)。我们一般会依据共创对话钻石模型来设计共创对话流程,并基于这个模型展开细化。

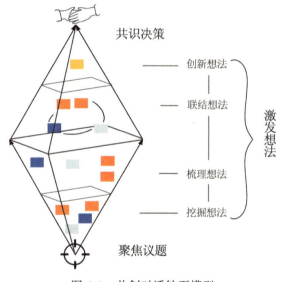

图4-1 共创对话钻石模型

共创对话钻石模型的环节一:聚焦议题

议题是对话的开端,是对话的方向。方向对了,共创对话才有意义;方向错了,再多的共创也是白费功夫,甚至可能会起负作用。在共创对话的过程中,议题层层递进,环环相扣,直至输出最终的共识。因此,共创引导者要时刻保持对议题的敏感,以免出现跑题、偏题等现象。

在聚焦议题时，我们会经历以下三个阶段（见图4-2）。

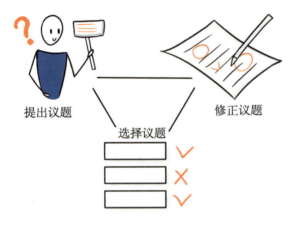

图4-2 聚焦议题的三个阶段

（1）提出议题：若在共创对话前没有明确的议题，需要邀请参与者提出希望在本次共创对话中探讨的议题。如果启动共创对话前已经确定议题，则可以略过这一阶段。

（2）修正议题：在共创对话过程中，当参与者提出一些现象、抱怨或发现议题模糊不清时，需要修正议题，对描述过于宽泛的议题适度具体化。

（3）选择议题：当议题过多时，请参与者按照议题的紧迫性和重要性进行选择，对于其余的议题，可以分批次进行共创对话或者安排具体人员单独处理。

聚焦后的议题要符合三大特点：是重要而非次要的，是具体而非空泛的，是正向表达而非负向陈述的。

因此，我们在聚焦议题时要极力避免进入下面几个雷区。

雷区1 避免"伪议题"：提出的问题可能未必是需要开展共创的重要

议题，某些问题可能是伪议题或者不值得花时间开展共创的议题。

例如，"现在经济下行，区域业绩提不上去"，这只是表达了一个感受，是一个伪议题，可以将它改为"如何通过开拓二三线市场，提高市场销售额"或者"如何布局线上市场，以提高市场占有率"。这种议题表达是有清晰的价值指向的。

雷区 2　避免议题范围过大：过大的主题不接地气，不利于共创。

例如，"如何实现下半年的业绩目标"这个议题范围过大，需要被进一步拆解为若干个子议题，比如"如何激发团队战斗力，助推营销团队业绩冲刺""如何借助电商平台及新媒体等实现创新营销""如何构建线上线下的联动营销模式，推进下半年目标超额完成"。

雷区 3　避免抱怨式发问：共创时，避免进入抱怨模式，使用建设性发问而非抱怨式评论。

许多人在表达观点或需求的时候，不知不觉就会采用抱怨式表达，如某位经理提出："人员流失大，订单多而急，我们肯定交付不了。"这个表达听起来像定论，实际上这位经理是在表达一个需求，所以这句话可被改为"在人员流失大的情况下，如何满足订单的交付周期？"这种基于正向推进结果的议题表达方法，能够让我们面向未来展开共创。

共创对话钻石模型的环节二：激发想法

基于议题进行共创时，参与者的想法是尤为珍贵的。想法的诞生与联结能推进共识的达成。

那么，什么是想法？当我们分享信息时，想法可能是某个数据、政策或事件等。当我们探讨原因时，想法可能是某个原因或现象。当我们共创策略时，想法可能是某个策略或者做法。当我们讨论行动时，想法可能是某种分工，某个时间或者输出物。总而言之，这里的想法泛指基于问题而输出的各种思想、信息或观点。共创引导者需要激励参与者积极地思考或想象，并引导参与者联结这些想法，以"生产"更多有价值的想法。

"激发想法"主要是基于尊重、开放的原则，辅以视觉呈现、逻辑分析、辩论厘清等形式，促进参与者对议题的深度思考。激发想法通常会被分为以下四个步骤来实施（见图4-3）。

图 4-3　激发想法的四步法

（1）挖掘想法：基于议题，不否定、不评判，鼓励参与者尽可能地输出可能的想法。

（2）梳理想法：对参与者的众多想法进行分类、组合，让想法被其他参与者听见或看见。

（3）联结想法：引导参与者对想法进行联结、分析，厘清想法的意义和想法之间的逻辑关系，充分理解想法。想法的联结有助于深刻理解和产生更多创新。

（4）创新想法：基于对想法的理解及探索，鼓励参与者输出更多创新的想法。创新想法的过程体现了群体智慧，它是促进共识、成长的关键过程。

在激发想法的过程中，参与者的能量状态、信息及思维都会影响想法的质量。共创引导者可以通过发问技术和参与技术促使参与者打开思维，调整状态，提高对话质量。

共创对话钻石模型的环节三：共识决策

共识决策是对"激发想法"环节的闭环，更是对共创议题的解答。共识决策的本质是对想法进行选择，共识决策的结果可以是达成某种理解、决定某些策略、输出某个计划、明确某个行动或分工等。共识决策一般有以下三个环节。

（1）列出可能的选项清单。列出在激发想法环节得出的可能选项，并让这些选项被大家看见或听见。

（2）共同分析并达成决策。通过导入共识决策的支持工具，如投票法、辩论法、关键人建议等，支持本次共创输出相关的共识。

（3）宣告最终的共识结果。与参与者明确最终的决策结果，并推进下一个议题。

共识决策并不是要达到绝对共识，我们需要对不同的议题进行相关分析，明确该议题的决策方式和决策人，从而推进共识。在后续章节中，我们会重点分析如何利用共识技术支持共识决策。

实施共创引导的六大步骤

回忆一下你曾经参加过的一些重要会议。你会关注哪些方面，是会议的主题、背景和目的，出席会议的成员，会议的流程，抑或本次会议能否给你带来能量？共创对话正是由会议升级而来的对话模式，是一场理性与感性交融的创造过程，更会引起参与者在各方面的关注。所以共创引导者要设计和主持一场高品质的共创对话，需要抓住以下几个关键要素。

（1）发起人的需求：明确发起人，进而明确本次对话的主题方向、核心背景和关键产出。

（2）参与者的情况：参与者是需求的关键群体，也是共创成果的关键智慧来源。

（3）共创流程：共创流程能支持参与者形成思维结晶，高效率的研讨过程和高品质的产出都和共创流程的设计密不可分。

（4）场域空间：良好舒适的空间设计，色彩、光线、气味及声音等空间元素的搭配与设计，是激活参与者身体和情绪的关键方法。

（5）现场引导：卓越的共创引导者的工作焦点是支持参与者实现共创目的，他们总能够不断赋能参与者，支持参与者厘清方向、全然投入和积极创造。

（6）后续跟进：一场共创对话的结束也是行动的开始，共创引导者应尽可能地支持发起人和参与者再往前推进一步。

通过对共创对话的要素进行梳理，我们可以将共创引导的整个过程归纳为六个步骤（见图4-4）。

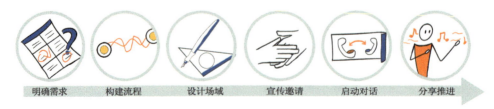

图 4-4　共创引导的六大步骤

（1）明确需求：明确共创对话的议题、目的、输出物、时间及参与者，建立共创需求表。

（2）构建流程：基于议题和目的，设计相应的对话流程，其中包括环环相扣的发问、对话辅助工具及阶段性输出。

（3）设计场域：基于对整个共创对话的流程运作的想象，建立一个合适的共创对话的容器。

（4）宣传邀请：制作必要的资料并邀请参与者，使共创的议题和能量提前激发。

（5）启动对话：秉持着心法、方法及技法，实施共创对话钻石模型，并根据现场的需要进行流程等的相关调整。

（6）分享推进：感谢参与者，对共创对话输出的成果进行分享并推进下一步的工作。

第一步：明确需求

通过厘清议题、目的、输出物、时间及参与者等来明确需求。

明确共创对话的需求是实施共创引导的第一步。需求如方向，需求错误或需求模糊将直接导致共创对话方向错位，浪费参与者的时间和精力。需求不明确的现象经常出现，会打击参与者的参与积极性，从而影响组织的共创氛围。因此，明确共创对话的需求能够帮助参与者调整其兴趣、重视程度和思维方向，是一场成功对话的基础。

厘清共创对话需求的关键方法是通过对本次对话的发起人进行深度访谈，厘清共创对话的核心议题、目的、输出物、时间及参与者。

在深度访谈中，可以采用以下访谈提纲。

- Why：厘清本次对话的需求。为何要开展这次对话？对话需要传达或解决什么，希望实现什么目的？基于这个目的，会议的输出物是什么？
- What：如果要为这次对话拟定主题，那么主题是什么？如果存在多个确定的小主题，小主题要如何表达？（具有吸引力的主题设计往往更能调动参与者的好奇心，所以要善于用文字的魅力去表达主题。）
- Who：哪些人需要参与这次对话？这些参与者目前的特点是什么？参与者人数多少合适，是否要分组？该如何分组？
- When：基于主题，这次对话需要进行多长时间？从什么时候开始，到什么时候结束？
- Where：需要安排一个怎样的会议场所？场所中需要准备哪些物料？
- How：如何设计好每个发问以推进参与者对话，直到实现期待的共创结果？

当需求明确后，我们要对需求进行相关梳理，并形成"共创对话需求表"（见表 4-1）。

表 4-1 共创对话需求表

共创的核心议题	
关键对话目的	
关键的输出物	
与议题相关的参与者	

第二步：构建流程

共创对话流程的设计对于共创引导者的综合能力是一个考验。共创引导者要根据不同的议题和不同的参与者定制对话流程，以实现从议题方向到目的，从目的到产出的过程。要始终围绕共创对话的目的构建流程，有经验的共创引导者还会根据现场的需要随时调整流程。

流程设计的整体框架遵循共创对话钻石模型"聚焦议题—激发想法—共识决策"的逻辑。

流程设计的具体方法可以参考共创对话流程设计模板（见表4-2）。

表4-2 共创对话流程设计模板

对话主题	
对话目的	
对话输出物	
与议题相关的参与者	
起止时间	
场地	

共创流程				
关键环节	探索的问题	输出物	时间	物资

第三步：设计场域

我们要通过场域设计，建立一个共创对话的容器。场域可以是有形或无形的存在，它能影响参与者的能量。通过场域设计，我们可以建立适合共创对话的氛围，减少参与者的防卫心理，促使参与者坦诚分享、专注倾听和积极回应。场域设计主要从营造高能空间、准备赋能活动及共建对话规则三个方面进行。

营造高能空间

高能空间让人非常享受，压迫、混乱、沉闷的空间则让人很想逃离。

共创引导者可以通过营造高能空间来激活参与者的视觉、触觉、听觉和味觉,打开身体的感知能力。比如,合理而符合人体活动习惯的空间布局能够帮助人们创建安全感和提高专注力;轻松愉快的休闲音乐能够带动人们在身体律动中享受,从而卸下防备;明亮的光线和富有美感的色彩搭配能够激发人们的想象力;芳香的气味能够安抚人们内心的焦躁;可口、清新的茶点能够给人们带来亲切和温暖的感受。高能的空间是需要而且必要的。所以如果条件允许,我们可以根据以下做法一起来营造共创对话的高能空间:结合空间状况,布局七个区域。共创对话的空间布局包含引导墙、板书区、座位区、讨论区、成果墙、物料区、茶歇区等七个区域(见图4-5),这些都可以构建一个"共创对话的容器"。

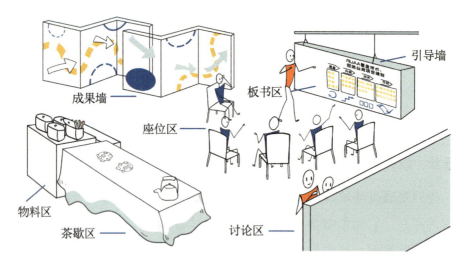

图4-5 共创对话的空间布局

(1)引导墙的设置。粘贴共创对话相关海报,如议题海报、流程海报、目标海报或者规则海报等(见图4-6),提醒参与者本次共创对话的议题、目标和重要约定。欢迎海报能传达一种友好的感受,让参与者感觉到被关注。

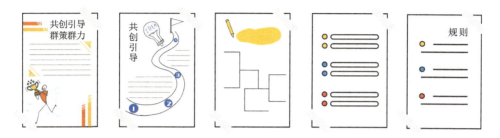

图 4-6 海报设计（示例）

- 议题海报：传达并强化某种信息，同时，海报的色彩也能增强视觉感受，促使参与者放松。
- 目标海报：强化参与者对目标的意识，如输出某个方案，优化某个项目的后续计划，解决某个卡点等。
- 流程海报：在参与过程较长，而且流程较为复杂的时候使用，时刻提醒参与者会谈流程，避免跑题。
- 规则海报：支持参与者时刻觉察自己的对话状态，并引导参与者进行调节。

（2）板书区的设计。板书区的功能之一是支持共创引导者讲解流程或研讨工具，建议用 A1 大小的白板纸进行书写，尽可能多用深绿色、红色、橙色、紫色、蓝色的笔，避免只用一种颜色进行书写。板书区的功能之二是呈现共创对话过程中的阶段性信息或结论，而这些信息或结论是关键的。比如，在讨论"全球电子消费品的趋势分析"的过程中得出了"全球电子消费品的五大趋势图"，而这张五大趋势图能够用来支持下一个环节——"新市场的选择"，那么，这张"全球电子消费品的五大趋势图"就是关键信息，建议留在板书区，以支持对"新市场的选择"的讨论（见图 4-7）。

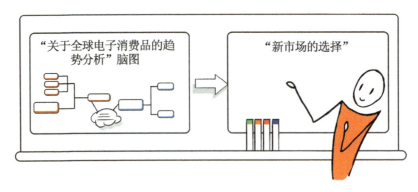

图 4-7　板书区的设计（示例）

（3）座位区的设计。座位区是供参与者使用的，座位布局比较有讲究，常见的布局如扇形、U 型、岛形、圆形等（见图 4-8），都是比较适合共创对话的布局。无论选择哪种布局，建议尽可能满足以下三个要求。首先，参与者坐下来后便于与其他参与者或共创引导者进行眼神沟通，而且坐在座位上的参与者能够看到板书区的内容。其次，参与者坐下来后能够感到安全和活动自由，而不是局促和拥挤。最后，留有一定的走动通道，这个通道应有效地通向进出口，使人员进出不会对其他参与者产生太多的干扰。

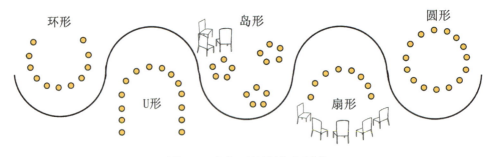

图 4-8　座位区的设计（示例）

（4）讨论区的设计。讨论区供参与者进行讨论，当桌面比较平整时，可以设在桌面上；如果桌面不够平整或者没有桌子，那么可以设在平整的墙面或者大白板上。讨论区有两种模式，一种是无干预的讨论区，用 A1 或 A0 规格的大白纸铺在上面进行讨论；另外一种是有干预的讨论区，也叫讨论桌布，是共创引导者为了支持参与者更方便地使用某个研讨工具而设计的，如 SWOT 讨论桌布（见图 4-9）。当参与者对研讨工具的理解不一致时，讨论桌布能够有效地支持参与者快速进入想法共创，而无须在工具上花费太多的时间。

图 4-9　讨论桌布（示例）

（5）成果墙的设计。成果墙主要用于呈现共创对话的核心流程及过程输出物。成果区可以支持参与者可视化地展示整个共创过程的成果，更方便、系统地复盘、推演整个共创对话过程。此外，在共创对话的结束环节，花些时间进行成果梳理，重述共创的关键过程和产出，会让参与者对最终的成果输出有满足感和认可感，从而增强其后续的行动力或协作力。

（6）物料区的设置。一般情况下，应尽量选择多彩的物料，以助共创时进行颜色区分。主要物料包括以下几种。

- 纸类：告示贴（用于记录关键想法）、B5 卡片纸（用于记录议题）、A4 或 A1 纸张（用于记录一些关键点）。
- 笔类：马克笔（用于记录议题或凸显关键词）、细彩笔（用于记录关键想法或图形记录）、签字笔（用于做草稿）。
- 其他：美文胶（用于将纸面记录粘贴到墙面上进行可视化展示）、可以投屏和书写的相关硬件等。

（7）茶歇区的设置。当一个对话超过 3 小时的时候，我们建议安排茶歇时间，在对话中途进行休息，补充能量。茶歇时间是让参与者适度调整的环节。

准备赋能活动

通过赋能活动卸下参与者的防卫心理，拉近感情，调节能量。赋能活动并不只是暖场而已，它还会给参与者一种仪式感，使其在活动中有意识地自我调整（见图 4-10 和图 4-11）。

图 4-10　赋能活动类型——关系赋能

（1）关系赋能：破冰，消除人们之间的陌生感、疏离感，建立人与人之间的亲和关系。

开场游戏类　　　　　　　冥想放空类

图 4-11　赋能活动类型——活力赋能

- Check in 类：邀请每位参与者快速分享某件私事、某个笑话、心情或期望等，以推进彼此关系。
- 破冰熟悉类：邀请参与者互相自我介绍，介绍方式可以是自画像、花名册、动物代表、成长时间线、人生峰谷图等，让参与者打开自己，认识彼此。
- 团队建设类：如果是新邀请参与者建立的小组，可以引导组员共创组名、口号等，形成共创团队。如果是已经存在的小组，可以再次呈现小组的组名和口号等，加强小组的合力。

（2）活力赋能：参与者的情绪、注意力、彼此关系处于不同的状态，因此，需要开展一些短小的活动来集中注意力、强化关系，以便更好地为接下来的共创环节做好能量铺垫。

- 开场游戏类：共创引导者邀请参与者共同参加某个智力或体验游戏，以驱走疲惫，调动氛围。
- 冥想放空类：邀请参与者放松身心，进入冥想放空的状态，可以用轻音乐、美文等将参与者带入安静放松的心境。

共建对话规则

共建对话的规则在本质上是在对话前传播开放、坦诚、尊重、平等、探寻共识和行动的对话理念，让参与者能够放下原有的身份标签、圈子标签、历史矛盾等，以一种共创的姿态参与到对话中。因此，快速共建对话规则是非常有必要的。

谁都更希望参与规则共建，而不是被他人制定的规则约束。因此，共创过程中，为了营造积极的对话能量场，对话规则要具有一定的提醒作用。通常来说，是共创引导者念出对话规则，并邀请参与者举手表决通过，也可以适当进行修订（见图4-12）。

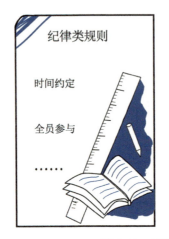

图4-12　规则海报（示例）

- 纪律类规则：时间、手机使用及个人习惯（如抽烟）的约定等。
- 互动类规则：人际关系互动的规则，如平等、尊重、放下权力；支持创新的互动规则，如没有对错好坏、越多越好；支持协作的互动规则，如探寻共识和行动、倾听需求。

第四步：宣传邀请

宣传的目的是让大家"看见"共创的主题和意义。大家"看见"了，就相当于播下了一颗种子，好奇的人会被吸引进来，与共创主题紧密相关的人也会更重视和期待。

邀请是一个非常关键的动作。任何人都希望被关注、被尊重，有针对性的热情邀请是激发参与者认同感的关键动作。参与者会因为认同感的增强而更有贡献的意愿（见图 4-13）。

图 4-13　邀请函

让我们对比两种不同邀请方式下参与者的心情。被诚挚邀请的参与者到了共创现场之后，他们的内心感受大多数是："我是受到了诚挚的邀请来参与共创的，我觉得自己是共创中重要的一员。"相比之下，那些在共创前 1 小时才被临时通知的参与者，他们的内心感受大多数是："我是临时被叫来开会的，我连主题是什么都不知道，我觉得我的工作被打乱了，我是可以随便被安排的，我的内心有些不爽。"

第五步：启动对话

让我们想象一下这样的场景：这是一个空间，在门上贴着这个空间的主题和时间，墙面上挂着几幅色彩缤纷的海报，海报上有主题、目标、流程、约定等，一首美妙的音乐在轻柔地回荡，墙角散发的咖啡香气让人感到温暖，所有被邀请的参与者如期而至，围坐在一起，大家的脸上充满了期待和愉悦。其一名参与者站了起来，手上拿着几张纸，对大家说："欢迎大家进入本次共创对话，我是本次共创对话的共创引导者。接下来，我们会一起经历一场收获满满的共创之旅。"

启动共创对话的过程就是引导参与者经历共创对话钻石模型（聚焦议题—激发想法—共识决策）的过程。在启动共创对话的过程中，共创引导者需要发挥共创引导的四大技术——发问、倾听、参与和共识技术，以支持共创对话成果品质（关于这四项技术，我们会在后续章节进行详细分享）。

此外，我们可以运用一些辅助性的分析工具支持共创对话。

分析工具意味着思维的引导，共创引导者要非常注意分析工具的选择和定制。如果选择错了，或者设计错了，就会引起参与者的思维堵塞。所以在匹配工具时需要注意两个方面。一方面，需要考虑参与者对工具的掌握程度。如果参与者对工具不了解，则需要进行讲解，对于一些复杂和晦涩难懂的工具，则要拆解后分步骤使用。另一方面，需要考虑该工具的逻辑与议题是否匹配，比如在进行市场分析的时候，4P分析工具比鱼骨图更适合；在进行生产原因分析时，鱼骨图会更适合。因此，我们鼓励共创引导者避免一成不变地照搬套用，在必要条件下，可以修改工具以匹配现场需要。根据共创引导过程的特点，我们可以将这些工具分为发散探索型工具、逻辑分析型工具及聚焦决策型工具（见图4-14）。

图 4-14　三类分析工具

（1）发散探索型工具：发散参与者的思维，搜集多元化的信息或想法，鼓励参与者进行观点之间的联想，寻找更多的可能。常见工具包括头脑风暴、思维脑图、列举法、移动脑暴/卡片风暴等。

（2）逻辑分析型工具：支持参与者运用一致的逻辑分析问题或信息，寻找它们之间的关系。逻辑分析型工具通常可以分为战略探索分析、问题解决分析和协作推进分析三个类别的工具。常见的工具如下。

- 战略探索分析工具：SWOT 分析、商业模式画布法、波士顿矩阵、BSC 战略地图、PESTEL 分析等。
- 问题解决分析工具：流程分析、得失图分析、鱼骨图分析、系统思考图、差距图、树图关键点分析等。
- 协作推进分析工具：鱼缸会议、痛苦喜悦矩阵、觉察反思矩阵、经验分享图、关键协调点、资源支持图等。

（3）聚焦决策型工具：支持参与者总结及分享，整合众人的意见，化解冲突，并输出相关的结论及决策。聚焦决策型工具通常包括策略决策工具和行动决策工具两类，常见的工具如下。

- 策略决策工具：决策树、盈利矩阵、投票法等。
- 行动决策工具：目标里程碑、甘特图、任务授权表、行动计划表等。

在启动对话的环节中，我们会发现许多管理者会陷入"被工具主宰"的状况，导致整个共创体验成了用工具而用工具。接下来，我们以 A 公司质量改进共创会上的原因挖掘过程为例分析工具使用的意义。

情况 1　不借助任何分析工具进行共创。

抛出议题"导致品质一次性通过率低的原因是什么"后，我们邀请大家分享观点，而共创引导者将大家的观点用列举的方法记在了白板上。这个过程没有借助任何分析工具，只是进行列举记录，这种模式比较快速、发散，对参与者的要求低，适用范围广，共创引导者能够快速上手。

然而，我们发现参与者会习惯性地零零碎碎地提出他们的观点，有些观点可能是重复的，有些原因可能被遗忘，这或许会导致原因挖掘得不全面。

情况 2　借助分析工具鱼骨图进行讨论。

相对于列举法而言，鱼骨图比较常用于生产制造及质量改善方面的分析。从"人、机、料、法、环、测"等维度进行分析，参与者的思维会更加开放，想法也会更多、更全面，因此，使用鱼骨图更有利于共创质量的提高。

综上所述，工具是为议题和参与者服务的。因此，共创引导者在启动共创对话时，应充分考虑工具的适用性。

第六步：分享推进

事实上，每一次共创对话都是有成果的。那么，什么是共创对话的成果？它可以是方案、计划、想法、理解、记录或现场的一些结论。在共创过程中，成果随时都会出现，我们需要敏锐地捕获、提炼和汇总。这些成果以视频、方案、推文、战报等形式传达到参与者，可以使参与者强化认知、感到被重视和关怀，也可以促进凝聚和协同（见表4-3）。

表 4-3　成果分享

分享对象	分享内容	分享的形式	完成时间
发起人			
参与者			
组织者			
其他			

此外，在共创收尾时，共创引导者需要和发起人或委托组织者进行后续推进动作的沟通与确认，明确本阶段的成果闭环，以及厘清下一个阶段的推进动作（见表4-4）。

表 4-4　后续推进表

推进事项	负责人	完成时间	获取支持

最后，每个人都值得被感谢，不要吝啬你的赞美和感谢，让这种能量在彼此之间传递。

本章核心内容

1. 共创对话钻石模型

共创对话模型是所有共创对话的基本逻辑,共创对话流程一般遵循"聚焦议题—激发想法(挖掘想法—梳理想法—联结想法—创新想法)—共识决策"的逻辑来进行设计。

2. 聚焦议题的三大原则

重要而非次要,具体而非空泛,正向表达而非负向陈述。

3. 实现高品质的共创对话的关键要素

发起人的需求、参与者的情况、共创流程、场域空间、现场引导、后续跟进。

4. 共创引导六大步骤

明确需求、构建流程、设计场域、宣传邀请、启动对话、分享推进。

03

第三部分

关键技术提升对话的品质

第五章

发问技术：牵引思维 激发潜能

　　共创对话的过程是身、心、意共同发生作用的过程，需要参与者打开身体、心灵和思维，充分联结。共创引导者需要用身体的感官去获取信息及体验，用内心去感受能量的变化及情绪的共鸣，用大脑去理解想法，建立共同的意识流。在这个过程中，发问技术、倾听技术、参与技术及共识技术能够激发共创对话钻石模型的有效运作，是支持参与者产生高品质对话效果的四大关键技术。发问（asking questions）是技术，更是艺术。高质量的发问技术能够支持参与者提升组织内对话的效能，促进更多"发现"及催化出色的"行动"。发问的质量与发问者在对话中获取到的信息及其思维质量紧密相关，发问技术是共创引导者必须首先掌握的技术。

发问的魔力在于"发问在哪里，思考就到了哪里"。高质量的发问能快速吸引人们的注意，使人们的思考方向保持一致，激发人们从多元角度提供信息，引导人们获得更多创意，并且找到解决问题的新路径。高质量的发问能够扩展思考范围，增加思考深度，激发更多创新的想法，推动人们沉静地深入反思，增进共同理解，有利于参与者对决策的执行。相反，不合适的发问会导致参与者思维混乱，降低参与感，令对话陷入僵局或停滞。所以善于发问的共创引导者可以凝聚参与者的思维焦点，推动共同思考，又能营造一个鼓励探索、激发学习及愉快行动的氛围，推进参与者的成长与突破。

发问的种类

发问的输出物就是一个个问句，每个优秀的问句都有其"生命特点"，体现在问句的时间维度、空间维度和情绪维度。每一个问句都在对参与者施加影响，每一个问句都直接影响对话的质量，问句的组合可以引导参与者从 A 点到达 B 点。富有洞察力的发问能够帮助参与者从迷茫中发掘出新的洞见，找到方向是实现共创的关键（见图 5-1）。

图 5-1 富有洞见的发问

根据发问的内容和形式，我们划分出三种不同维度的发问，即时间维度（过去式发问和未来式发问）、空间维度（发散式发问和收敛式发问），以及情绪维度（负向式发问和正向式发问）的发问。在引导过程中，共创引导者要善于使用不同的发问方式（见图 5-2）。

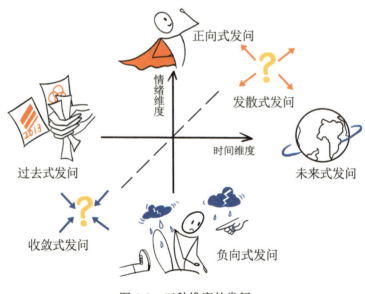

图 5-2　三种维度的发问

过去式发问和未来式发问

过去式发问和未来式发问可用于时间维度分析。

过去式发问更关注已经存在的现状、事实，如现象、数据、原因、责任、已造成的后果等。例如，"上一个季度的业绩数据表现是怎样的（数据）""召回的产品已经造成了多大的损失（后果）"。

未来式发问基于对未来的思考进行发问，侧重探索未来的影响、关键点、解决方案（策略）、行动等。例如，"接下来我们要从哪几方面切入从而促进业绩的提高（关键点）""下一个季度可以延续的策略是什么（策略）"。

重点说明：在共创对话引导中，涉及总结反思类议题的共创对话，更多地以过去式发问为主，但共创引导者务必要在对话的下半场转入未来式发问，带领参与者往前看。如果仅采用过去式发问，容易让参与者感觉不到对话对未来的作用，导致参与度下降。涉及规划类议题的共创对话，则较多运用未来式发问，比如："下一年，我们需要从哪些方面切入？明年部门规划的重点是什么？"但是，规划类共创也需要采用过去式发问，比如："在上一年的运营中，我们发现了哪些问题在影响活跃用户的增长？有哪些方面是值得继续传承和推广的？"需要提醒的是，在规划类共创中，过去式发问不宜过多，否则就偏离了重点。

发散式发问和收敛式发问

发散式发问和收敛式发问可用于空间维度分析。

发散式发问的价值在于收集更多想法，运用发散式发问可以激发参与者分享的积极性。发散式发问没有标准答案，只有可能的想法，如："有哪些可能的原因降低了一线员工的积极性？"

收敛式发问的主要价值是对想法进行厘清、聚焦、归纳或选择，以明确某个方向或选择某项决策，如："在刚才列出的原因中，哪三个原因影响最大？是激励不合理造成的积极性下降还是公司氛围造成的积极性下降？"

重点说明：在共创对话引导中，需要将发散式发问和收敛式发问结合起来运用。一般情况下，有发散必有收敛。如果只有发散式发问，容易导致参与者的思维过度发散而无法落地。如果过多地使用收敛式发问，那么容易导致参与者思维受限，甚至有种被审问的感觉。如："2019年，有哪些新技术、新模式可以用于支持业务创新（发散式）？在这些新技术、新模式中，哪三个的落地性最强（收敛式）？"

负向式发问和正向式发问

负向式发问和正向式发问可用于情绪维度分析。

负向式发问主要与使用的词语及表达的情绪有关，在发问时传达负面情绪。多数情况下，负向式发问更容易引发参与者的防备心理，并且伴随着严肃、警醒或消极的能量传达。正向式发问较为温和、中性，通过使用积极的语言进行表达，能使参与者以积极放松的状态参与对话。

例如："业绩老是提不上去，这究竟是怎么回事"，这是负向发问，给人的感觉是严肃、警醒或责问；"业绩连续表现得不尽如人意，主要是什么地方出问题了呢"，相对于前面的发问，尽管这个发问方式同样指向原因，但是给人的感觉比较温和，更容易激发参与者分享观点。

通常，我们建议多用正向式发问。在问及原因时，大部分人喜欢问"为什么"，而用"为什么"进行表达的问句容易引起参与者的防备，因此将"为什么"转换为"是什么""有哪些"等正向式发问的表达，会更容易引发积极思考。例如，将"为什么会发生这个质量事故"转换为"是什么原因（有哪些原因）导致了这个质量事故"。但有时为了深入挖掘以了解观点的核心或本质，共创引导者可以在必要的场景下结合负向式发问使用。在建立了"安全及信任"的氛围的前提下，可以通过连续问"为什么"帮助参与者探索观点的核心或本质。比如"为什么用户卸载率高？为什么操作体验不好？为什么有那么多 bug？为什么没有快速发现这些 bug？……"

重点说明：在共创对话引导中，适当使用负向式发问能够激发参与者的重视和警醒，但是需要见好就收，转而采用正向式发问。换句话说，如果你善用脾气，那么可以起到威慑的作用；但是，如果你经常使用脾气，那么就会让对方破罐子破摔或者逃避推诿。

我们可以综合使用上述的发问方式，如下文中这个案例所讲的那样。

◎ **案例**

【**场景**】在某网约车平台的战术会议上，面对竞争对手层出不穷的活动，运营总监发问："为什么我们投入了2亿元，却连10%的出租车市场份额都没有？"该发问关注过去，具有发散性及负向特点，是带着严肃的态度向参与者发问，寻找目标失败的原因，处于扩大思考面、收集想法的阶段。如果将这个发问改为"是什么原因导致我们投入了2亿元，却得不到10%的出租车市场份额"，那么，则是正向的传达。

现场的参会者陷入焦虑的讨论中。

此时，运营总监提出了一个有效发问："我觉得原因分析得差不多了，我们可以讨论一下，在1个月内，如何运用现有的数据进行精准营销，占领出租车市场20%及以上的份额？"这个发问快速地将参与者的思维从纠结于过去转向关注未来。该发问关注未来，具有发散性及正向特点，是正向鼓励参与者积极思考，探索未来的创新策略，处于扩大思考面、收集想法的阶段。

综上所述，我们可以看到，发问技术至关重要，每一个发问都体现了时间、空间和情绪维度上的不同特点，每一个发问均是有生命力的。

发问的要点

运用发问的场景多种多样，发问尤其能在企业典型的"会议"场景中发挥出显著的作用。那么，发问的运用要点有哪些？

环环相扣，避免偏离议题

在共创的过程中，共创引导者需要引导参与者保持焦点统一，避免过度分散，否则容易引发跑题和偏题。例如，在项目复盘会上，大家正在分析目标进展，呈现相关的数据。此时，有位参与者发问："是什么原因导致日常活跃用户数那么低？"这个发问突然而至，会立刻将参与者的思维从关注"系统全局的目标进展"转移到关注"日常活跃用户数低的原因分析"。这种情况在日常的企业会议讨论中经常出现。而在此时，共创引导者需要适度介入，将这个发问记录下来，作为后续原因分析的议题之一，并引导现场参与者回到对"目标进展"的讨论中。

客观求是，避免掺杂感情

一些参与者在发问的时候，容易带有过多的评判。如在上文提到的复盘会上，参与者正在分析提高日常活跃用户数的策略，此时，产品运营经理发问："刚才大家也讨论过，业务方和技术方的配合是存在问题的，主要是技术方觉得业务方的用户画像不够精准。事实上不完全是这样的，技术方也有一定责任。那么，技术方怎样配合业务方呢？"产品经理的本意是希望大家讨论技术团队和业务团队如何才能更好地协同，以实现业务效果最大化，但因为在发问时添加了过多的个人评判，现场参与者强烈地感觉到他在批判和指责技术团队。

精练准确，避免产生歧义

过于复杂或意义不清的发问，容易造成误解。个人表达能力的高低直接影响发问的质量，一个高质量的发问是能够在1分钟内表达完毕的，否则参与者可能无法集中注意力。例如，在一个工程项目研讨会上，现场参与者正在讨论导致工程延期的原因。这时，主持对话的老总说："关于工程质量的问题，我这里要说说采购部，采购部的问题非常多……成本管控是必需的，难道就没有什么好办法解决材料的质量问题吗？还有，项目经理要去思考如何在现有条件下克服困难，满足质量要求……我刚才提到的材料、涉及的问题，大家都要讨论一下。"类似的发问过于冗长，会导致参与者无法抓住重点，并且容易产生误解。

主次分明，避免重复雷同

如果连续多个发问意思雷同，不能做到主次分明、环环相扣，会使参与者的思维混乱。例如以下场景。在某个部门协同解决工程进度的讨论中，主持讨论的部长发问："各部门之间的协调、合作存在哪些困难？其中最大的困难是什么？该项目的工程量有多大？施工难点是什么？如何解决这些难点？"

类似的发问之后，参与者不知道应先从哪个方面进行讨论，过多的发问导致思维混乱。最终，现场每个人分享的想法可能只是对其中一个发问的回应，并且容易形成"开小会"现象。在企业运用的许多场景中，综合运用发问技术能够快速纠正参与者的方向，调整参与者的能量，打开参与者的思维空间和促进共识决策。此时，多维度融合的发问组合更能实现层层递进的发问深度。

下面我们用两个案例，结合具体场景来说明共创引导者应当如何综合使用发问技术。

案例：某企业重大项目的进度出现严重滞后，需要快速改善现状。为此，共创中可能会出现以下情景（见表5-1和表5-2）。

表 5-1　综合使用发问技术（情景1）

情景1：对于造成进度滞后的原因进行探索，可能会出现以下类型的发问。

例句	时间维度		空间维度		情绪维度		说明
	过去	未来	发散	收敛	正向	负向	
为什么项目会出现严重滞后	√		√			√	均是寻求原因的发问，是反思过去、寻求观点的发散型

（续）

例句	时间维度		空间维度		情绪维度		说明
	过去	未来	发散	收敛	正向	负向	
有哪些原因导致了项目出现滞后	✓		✓			✓	发问。第一个发问的"为什么"传递给参与者的能量是严肃的，当然也可能存在"略带指责"的意味。第二个发问则用"有哪些"，传递的能量感觉较为温和，容易引发参与
其中，哪三个原因是最关键的				✓			
滞后的问题究竟在哪个部门更为严重	✓			✓		✓	第一个发问希望引导参与者找到重点并深入分析，但"哪个"容易引发参与者内心恐惧或反抗等防卫心理，引起"扯皮"或"冷场"的局面，反而达不到效果。第二个发问结合参与者所在的职责模块提出，兼顾全面，先发散引起思考，再补充一个发问，有助于聚焦关键点
从项目的技术、工程、沟通、资源等维度分析，分别有什么卡点	✓		✓		✓		
结合目前进度的影响和卡点分析，其中较为核心的三大卡点在哪里				✓			

表5-2　综合使用发问技术（情景2）

情景2：假设原因已经明确，需要参与者寻找解决方案，可能会出现以下类型的发问。

例句	时间维度		空间维度		情绪维度		说明
	过去	未来	发散	收敛	正向	负向	
我们是不是可以从考核的角度找办法		✓		✓	✓		该类发问引导参与者寻求解决策略，是针对未来的正向发问。第一个发问的方式对于参与者来说过度收敛，指向性比较明确，因此会限制参与者的思维。第二个发问则是先发散、后设置条件进行收敛，有助于扩展思维，形成多元化和创新的观点
有哪些策略可以帮助我们突破目前的瓶颈		✓	✓		✓		
这些策略中，哪些策略对加快进度有比较好的效果，而且可行性比较高				✓			

（续）

例　句	时间维度		空间维度		情绪维度		说　明
	过去	未来	发散	收敛	正向	负向	
大家想出的策略没有太多建设性，难道你们就没有更好的方案吗		√		√		√	该类发问是针对参与者思维较为固化的情况而设计的，意在激发参与者进行更深入、更丰富的思考。第一个发问的方式容易树立参与者的防卫心理，不利于思考的深入。第二个发问的方式会更利于参与者修正和扩展想法
我们现在输出的这些策略，过往就尝试过，但效果不明显。所以让我们一起来思考一下如何优化过往的策略使之效果更佳，或者回忆一下标杆单位或竞争对手是如何解决该问题的	√		√		√		

组合发问的技巧

一个有力的发问可以一针见血地直击本质，而连续的组合发问能够支持参与者思维的厘清、递进、延展和深挖。共创对话的过程是基于重要的议题而展开的，组合发问可以支持参与者以议题为中心实现由表及里、由浅入深、层层递进的共创。所以通过组合发问的技巧建构共创流程，是共创引导者需要掌握的关键技术，直接影响着共创对话的质量。

那么，运用组合发问需要注意哪些关键点？

（1）要以目的为中心，以结果为导向。去掉那些与议题或目的弱相关的发问，太多弱相关的发问会浪费参与者的共创时间，也容易削弱参与者对目的的关注。

（2）要由表及里、由浅入深、层层递进。组合发问的构建应该符合人类认知互动的规律。通常，我们会通过吸收信息—感受信息—理解信息—做出行动四个步骤进行认知互动。我们需要遵循这个认知互动的规律，设计组合发问的问题，让参与者感觉到共创流程在一步步地有序深入，层层递进。

我们来看一个实际案例。

◎ 案例

【会议发起人及主持人】 华东区销售总监。

【参与者】 华东区各销售经理、市场策划主管、片区财务负责人、线上经营团队、门店经理。

【场景】 请通过发问，引导参与者快速明确地讨论议题，避免参与者陷入混乱纠结、偏题或跑题等局面。

销售总监："大家都看数据了，开会就是想探讨一下年底如何完成业绩。"

线上团队负责人："我们华东区的业绩增长肯定不会高，看现状，数据可能要往下跌。大家自信动摇，虽然开展了一些促销活动，但是客户不太感兴趣。"

线下门店负责人："从我们的情况来看，竞争太激烈了。到了年底，大家心态不是特别稳定。"

片区财务负责人："大家的运营成本都太高了，今年的利润估计有些难看。年底了，大家都要控制一下支出，需要严控支出。"

案例剖析

你一定留意到，在会议开始时就出现了跑题。如果不快速纠正方向，这次会议就会陷入抱怨、无奈和叫苦的怪圈中。导致这个局面的主要原因是参与者对会议主题和输出没有清晰的认知，所以进入讨论时就带着防备心理，提前降低了期望。

如果你是销售总监，我们建议你在会议开始的时候使用发问技术，提出一个发问：

"如何达成 2018 年华东区 A 产品年销售增长率 8% 的目标？"

对比之前的"开会就是想探讨一下年底如何完成业绩"，这一发问方式能快速清晰地表明会议的主题、方向和目标。这次会议的重点在于将 A 产品的销售额提升 8%。

我们接着看案例。

销售总监："难度是有的，困难也是存在的，光讲问题不讲方法是没用的。大家都说说自己的观点，献计献策。"

现场沉默了 20 秒。

线下门店负责人："从我们的销售员反馈来看，主要的问题是我们的价格没有竞争优势，现在不是什么消费升级，大家都反应是消费降级了。"

线上团队负责人："我们的情况类似，现在日常活跃用户、客户单价情况都没有太多改善，虽然下半年的线上活动，如国庆、双十一、双十二等比较多，但如果我们缺乏价格优势，效果也不会好的。"

销售总监："还有其他想法吗？"

现场沉默 10 秒。

销售总监："那我来说说吧。行情不好是现实，问题是我们怎么发力？我说说线下的情况吧：员工的士气不足，线下讲究服务，用服务带动营销，士气不足怎么提高客户满意度呢？线上情况也好不到哪里去。市场的钱砸下去了，不见效果，说明了什么？"

销售总监个人发表了近 20 分钟的见解，现场参与者都低头"做笔记"。事实上，从参与者的面部表情可以分析出，参与者的能量是在往下走的，本来要进行策略讨论的会议变成了质询会。

案例剖析

为什么参与者会沉默？为什么参与者会转移话题或者避重就轻？为什么参与者无法把内心想法进行精准表达？为什么现场不能产生更高品质的新想法？为什么参与者离开会场时会那么沉重？

如果销售总监善于用发问技术来支持这场讨论，那又会是怎样的效果呢？

下面，我们基于这个案例，列举两种不同的组合发问方式（见表5-3）。

表5-3 不同的组合发问方式

随意的组合发问方式	高质量的组合发问方式
（1）为什么线上团队业绩不升反降 （2）广告宣传、市场拓展预算是多少 （3）为实现销售增长，产量需要扩大多少 （4）市场同类商品销售情况如何 （5）目标实现后公司可以增加多少市场份额 （6）如何确定区域、门店、线上的份额 （7）如何激活门店基层员工的销售积极性 （8）线上拓展的目标网络平台是哪些 （9）存量客户贡献度的挖掘方案是什么 （10）我们的供应链有什么问题 （11）线下的机会在哪里 （12）如何开发更多的渠道 （13）怎么应对竞品打价格战 （14）想想还有哪些应对方案，销售团队自身存在哪些问题 （15）促销活动的预算是多少 （16）销售进度推进的时间安排是什么，阶段负责人是谁	**目标锁定** （1）基于现状，让我们对目标进一步聚焦，我们后续需要朝哪些目标上进行发力 （2）这些目标是多少，目前我们与理想目标有多大差距 **现状分析** （1）分析行业情况，竞品及市场同类商品线上和线下的情况是怎样的 （2）分析内部情况，线上和线下比较有效的策略是什么，目前存在什么卡点 **策略分析** （1）线上有哪些机会，可以线上拓展的目标网络平台是哪些，如何提高转化率 （2）线下有哪些有利因素或资源可以整合，存量客户贡献度的挖掘方案是什么，如何激活门店基层员工的销售积极性 （3）线上和线下可以在哪些方面进行联动发力 （4）在刚才讨论的策略中，哪些关键策略的预测效果比较好，而且落地可能性较大 **行动推进** （1）根据我们锁定的策略，线上和线下团队在未来30天、60天的行动分工是什么，需要什么支持 （2）为了快速共享策略落地情况信息，我们的沟通协同机制需要做哪些改变

随意的组合发问（如表 5-3 的左列所示），发问之间的逻辑不够清晰，想到哪里问到哪里。这种发问方式容易导致思维混乱。而高质量的组合发问方式可以支持参与者建立更合理的对话流程，实现思维由表及里、层层递进的效果。因此，基于不同的场景、议题和目的，共创引导者要善于使用组合式发问，以促进高质量的共创。组合式发问可以结合议题进行定制化设计，一般会使用 MOA 范式：厘清动机和价值（motivation）、收集信息和分析可行性（options）、促进共识和行动（action）。MOA 范式是以未来价值为起点，支持参与者分析当下现状，把握住可能的机会、创新和风险点进行路径设计，从而共识行动的发问流程（见图 5-3）。

图 5-3　组合发问的 MOA 范式

（1）厘清动机和价值。motivation 指向动力，该动力可能是内在的某种需求、目的性价值、目标等。动力类发问能帮助参与者厘清出发点，进行驱动力分析、重要性分析，明确价值观或原则。动力类发问经常被运用在招聘面试、述职提问、意义探讨，以及团队或个人能量引导等场景。这类发问应更多地采用正向发问，如："什么样的价值观是您希望在团队中呈现的？除了物质因素之外，您最在乎的是什么？是什么驱动您一直坚持到现在？这个项目的成功对于大家来说意味着什么？"

（2）收集信息和分析可行性。options 指向可行性，这类发问可以获取可能的信息，呈现可能的原因、要素、策略、机会、影响或结果等，支持参与者打开思维和建立更深的对话层次。在企业问题研讨、策略讨论等场景中，这类发问可与一些研讨工具配合使用。比如，当分析原因时，可以结合鱼骨图分析法进行发问，如："从人、机、料、法、环、测的角度分析一下，造成过程质量问题频发的原因是什么？在这些原因中，影响最大、最持久的是哪几个原因？"可行性类发问能够支持参与者进入全面性、系统性、前瞻性的分析，支持参与者的思考从现状向未来推进。

（3）促进共识决策和行动。action 指向采取的行动，在共创的后期，明确的决策和后续行动分工经常会被遗忘或忽视，当共创到达一定程度的时候，发问可以帮助我们提高共识决策的意识。比如："刚才大家也探讨了多个设想，哪几个设想对公司未来 2～3 年的发展有较大影响力？现在，我们有了关于这个问题的策略，这个策略最终要达到什么效果？如何说明达到了效果？哪些人应被纳入这个问题的整改项目中？哪些人提供数据支持？哪些人提供技术分析？谁来统筹负责？"通过发问，参与者可以明确对策略、行动的决策，这是对后续分工、协同的保障。

小训练

拿起你的笔，就上述案例列出你的组合发问方式。

本章核心内容

> **1. 发问的三个维度**
> 时间维度、空间维度、情绪维度。

- 时间维度：分为过去式发问和未来式发问。
- 空间维度：分为发散式发问和收敛式发问。
- 情绪维度：分为负向式发问和正向式发问。

2. 发问在企业会议场景中的运用要点

- 环环相扣，避免偏离议题。
- 客观求是，避免掺杂感情。
- 精练准确，避免产生歧义。
- 主次分明，避免重复雷同。

3. 组合发问的技巧

MOA 范式：厘清动机和价值，收集信息和分析可行性，促进共识决策和行动。

第六章

倾听技术：启发觉察 支持解读

倾听是联结共创引导者和参与者的关键动作，能激发内在的各种想法。共创引导者良好的倾听状态意味着尊重、关注、亲和、鼓励、包容。全然的倾听要求共创引导者在心态上放下自我观点，保持好奇心，平静而专注；在行为上，从下载客观信息和确认真实意义两方面进行训练。

倾听是通过声音感知他人的情绪和思想的过程。倾听与解读几乎同步发生。当一个参与者表达相关想法之后，其他参与者会快速产生某种解读。有些解读是客观的，有些解读是比较主观的。如果参与者在解读的过程中不够中立、系统和客观，就会影响共创的品质。我们通过实践发现，如果共创引导者能保持思维及情感的同步倾听，支持参与者更客观地解读，则可以更好地支持对话。一个懂得倾听的共创引导者，不仅擅长构建同理和尊重的场域，也能够支持参与者安全、相互信任地表达，客观理解彼此的想法。

比如下面的案例，甲乙双方就系统信息提报流程进行了对抗性表达，共创引导者此时需要支持他们进行互相倾听。

甲："现在新系统上线，有很多资料找不到了，难道我不想推进这个流程吗？"

乙："如果你想推进这个流程，有的是办法，至于到现在都没提报吗？"

（如果参与者思维不同频，无法相互理解，就容易造成情绪对抗。所以共创引导者需要支持参与者进入同理倾听的状态，提高对话的质量。

共创引导者："我听到你有些无奈，你是说你想要提报流程的时候，有一些资料丢失了，导致你无法提报流程，对吗？""我能感受到你对流程提报的迫切心情，你希望她能找到方法，尽快提报流程，对吗？""那么，我们现在是否可以具体讨论提报流程需要什么资料？哪些资料丢失了？需要如何补充？"

就上述的案例而言，如果参与者缺少倾听过程，就容易由于本位思想而产生自我防卫。共创引导者在必要情况下，通过发挥倾听引导的技术，能支持自己及参与者实现情感和思维的共振。所以要发挥倾听引导技术，共创引导者自己先要成为一名合格的倾听者。

认识倾听

无论是共创引导者还是参与者,都会在一定程度上受制于自己已有的思维假设和能量状态,而无法做到全然倾听。接下来,就让我们了解一下倾听的五个层次(见图6-1)。

图6-1 倾听的五个层次

(1)忽视地听:我们常说的"左耳进右耳出"就是忽视地听。在这种状态下,思维和情感已经被关闭,所以信息和情感无法产生联结,表现出来的是游离、飘忽、不耐烦的状态。

(2)假装地听:假装地听是一种自欺欺人的行为,虽然情感上照顾了分享者,但事实上,听者的思维并未与分享者同频,也就无法理解其分享中的信息、逻辑和结论。

(3)选择地听:选择地听就是只听更符合自身想法的信息或观点,或者是选择自己感兴趣的内容进行倾听,而不是全面把握信息和逻辑推理。这是一个危险的行为,容易导致断章取义、混淆逻辑及直接下定论。如果共创引导者经常出现这个行为,容易将参与共创对话的人带入死胡同,同时也会挫伤参与者的积极性。

（4）专注地听：专注地听表明在信息层面、逻辑层面都能客观中立地把握，实现高效的思维联结。精准复述参与者的分享内容，是验证共创引导者是否做到了专注倾听的关键方式。专注倾听能够充分地支持参与者更加系统、中立地分析彼此的信息观点，实现焦点同频、信息同频、逻辑同频乃至达成共识，所以即便做不到全然倾听，也要尽可能做到专注倾听。

（5）全然倾听：全然倾听是倾听的高阶状态，指在思维和情感上实现高度同频，抽离了个人的思维和情感，设身处地理解分享者的信息、观点和结论，并快速感知分享者的思维模式和情感模式，最终能够以中立的视角，精准把握分享者的情感和思想，并传达给其他参与者，实现其他参与者的情感同频和思想共振。

倾听的本质

倾听的本质是能量的传递。共创引导者的倾听状态会带动参与者分享的积极性和理解的系统性的提高，所以共创引导者需要觉察自己和参与者是否处于倾听的状态。然而，在很多共创对话中，主持对话的共创引导者并不处于全然倾听的状态，而是处于焦虑紧张的状态，这种状态会给整个对话现场带来负面影响。共创引导者可以注意觉察自己在对话现场是否有类似以下的语言、状态、表情或行为。

- 语言："差不多了吧？别那么啰唆，快点，这个观点我不太赞同"等，表现出不耐烦或者评判的聆听状态。
- 状态：低头不看对方、表情麻木、无奈、叹气、昏昏欲睡等，表现出不专注的状态。
- 表情：眉头紧蹙、摇头否认、瞠目结舌、神情漠然等，表现出不认可或不赞同的状态。
- 行为：交叉双臂于胸前、跺脚来回走动、撅起嘴角、时不时看手表、低头不看对方、叹气等，表现出忽视、敌对、蔑视的状态。

这些负能量的语言、表情和行为，在一定程度上会打击参与者坦诚表达的信心，也会影响其对后续达成共识和行动的决心。所以做到全然倾听是非常重要的。

倾听的方法

对参与者来说，共创引导者良好的倾听状态意味着尊重、关注、亲和、鼓励、包容。全然倾听要求共创引导者在心态上放下自我观点，保持好奇心，平静而专注；在行为上，从下载客观信息和确认真实意义这两方面进行训练。

下载客观信息

下载客观信息是倾听的第一个环节，即从对方的语言中获取客观的信息。而客观的信息可以被解构为"数据"和"感受"。数据是指对方讲出的语句、画出的图像或写出的字等客观信息，而不是"经过共创引导者处理的"。通常，我们在倾听过程中经常会犯"选择性倾听"的毛病，没有全面客观地获取对方发出的客观信息。倾听时，共创引导者要清空自己的感受，进入对方的场景，从对方的语调、表情、音量、速度及用词中感知对方所处的情绪状态，以及想要表达的情绪（见图6-2）。

以下小技巧可以帮助共创引导者更好地下载客观信息（"数据"和"感受"）。

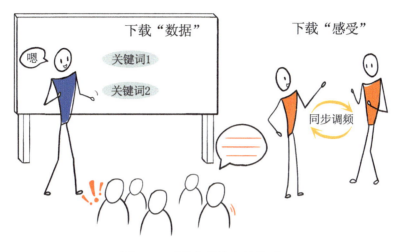

图 6-2　下载客观信息的技巧

（1）下载"数据"。

- 适当关注对方，并用"嗯""继续""好"等语气词回应，让对方感受到被关注，从而更愿意充分表达。
- 运用白板技术，快速写下对方所讲内容的关键词、关键句，让信息也能被其他参与者看见。
- 在需要强调的地方用对方的话重复对方的意思。

（2）下载"感受"：打开心灵，去感受对方在表达时传达出的情绪感受，感同身受能使共创引导者更准确地理解对方所要表达的意义。

- 同步调频，适当地与对方的音量、语速、表情、手势及体态等保持同步，建立情感共鸣。需要说明的是，情感共鸣并不需要和对方处于一模一样的状态，而是要建立彼此之间信任和尊重的情感联结。
- 模式呼应，有些参与者喜欢用图表表达，有些则喜欢用文字表达；有些更考虑逻辑条理，而有些比较喜欢跳跃式表达。那么在倾听对方表达的时候，我们可以适度地用对方较为习惯的模式去呼应。比如对方用图表边讲边画，那么共创引导者在做记录时，也可以适当采用表格呼应。

确认真实意义

在信息的下载过程中，共创引导者的大脑已经不知不觉地开始解读信息了。在实践中，许多共创引导者会曲解参与者表达的信息而不自知，比如参与者发言后发现记录在白板上的观点不是自己的真正意思。这一现象出现的主要原因是共创引导者在解读参与者的想法时，过多地带进了个人的观点。毋庸置疑，这种现象将直接影响参与者对共创引导者客观立场的信任，也会影响对话的最终结果。

在共创引导的过程中，共创引导者一方面要保持中立的状态，去理解他人表达的观点；另一方面，在理解他人观点时难免会带有个人的主观思考。如何才能放下个人评判，尽可能做到中立而不臆断呢？对于自我觉察能力偏弱的共创引导者，建议采用的方法是"确认语义"（见图6-3），即向参与者确认真实意义，而不是果断臆断或无视对方。

（1）精要重述：也叫作"精要回放"，适用于那些表达比较累赘、信息杂糅的参与者，通常的句式如下。

- "您的意思是……，是吗？"
- "换句话说，您想说明的是……"
- "我想跟您确认一下，您想分享两个观点，一个……，一个……，是吗？"

（2）厘清总结：倘若共创引导者也难以理解、整合和重述对方的意思，通常可采用的句式如下。

第六章 倾听技术：启发觉察 支持解读   93

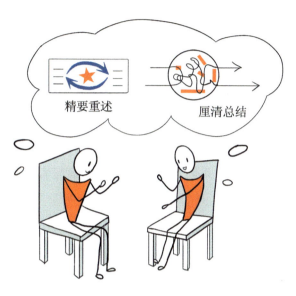

图 6-3　确认真实意义的两种方法

- "如果用一两句话来概括您的观点，可以表达为……"
- "让我们来理一下您的观点，您似乎要表达三个观点，分别是哪三个呢？"
- "您能给我们打个比方，以便我们更好地理解您的想法吗？"

倾听具象化

我们的眼睛通常不会说谎，但我们的耳朵经常偷懒。实验心理学家赤瑞特拉（Treicher）基于大量实验，证实了大部分人获取信息的主要方式是视觉，其次才是听觉、嗅觉、触觉和味觉。我们的大脑对通过视觉获取到的信息更容易建立理解，后者也更能激发我们的新想法。

我们可以尝试做一个小实验：用不同方式对同一篇文章进行梳理和提炼。一种方式是用眼睛看，另一种方式是由其他人念这篇文章。大部分人会觉得用眼睛看文章能更快得到信息，并能够更快地进行理解和产出。

事实上，我们去很多企业参加经营分析会的时候，看到的都是大家围坐在椭圆形或长方形的大桌子上，主位坐着领导，一个投影幕布正呈现着一些信息。在讨论一些需要共创的议题时，大家你一言我一语，或许有些参与者会在自己的笔记本上做一些记录（但是记录仅有自己可以看见，其他人并不清楚记录内容）。我们观察到，大部分参与者在参与关键讨论时，都是用听觉收集信息的，而且容易进入"假装地听""选择地听"的状态。在这样的现状下，能产生共识和创新的概率非常低，大部分观点都是妥协或含糊带过。更糟糕的是，参与者离开现场后都不知道接下来的方向是什么，要做什么。

那么，共创引导者可以做出哪些关键性的改变，以支持参与者提高倾听的质量？

我们给出的建议是：让倾听具象化，让声音被看见，用视觉将参与者关注的焦点集中在一个地方，眼睛的关注点就是思维的关注点，让眼睛带动思维。为了支持参与者进行更高品质的倾听，我们需要使用白板技术，在筹备关键对话时多准备一些白板、A4纸、A1纸、告示贴及彩笔。

那么，如何让倾听具象化呢？我们推荐以下几种做法。

- 做法1：我们可以邀请参与者在分享自己的想法前，将想表达的关键想法写在A4纸或大白板上，一边分享一边呈现自己的想法。
- 做法2：当参与者在分享自己的想法时，快速将其想法用文字精简复制到白板或白纸上。
- 做法3：运用一个逻辑将这些想法进行梳理、关联，使参与者能够看见全部的信息组合和信息逻辑。

让声音"被看见",让眼睛"去思考",激活全身的兴奋细胞,实现身心意的投入。

倾听与洞察

正如非暴力沟通理念认为的那样,所有的行为都是满足需要的尝试。在企业中,特别是在企业的会议场景中,共创引导者更需要掌握和运用倾听技术,听出言外之意。会议场景中的倾听需要听到内在动机、想法逻辑和行动欲望,并且要避免过度带入(见图6-4)。

图 6-4　企业会议场景中的倾听技巧

倾听内在动机

倾听内在动机较有挑战性,需要我们换位思考、高度同频,推己及人地进入对方的世界,感受那股激发他的力量之源。这种力量可能是某种信念、情感或需求。正如马斯洛需求理论所述,一个人的言行最终会满足其内在的某种心理需求,这种心理需求可能就是隐藏在其语言背后的驱动力。

◎ 案例

【场景】质量部指责采购部对供应商的管理不善,导致零部件质量频繁出现问题。

质量部:"根据我们的分析,主要原因就是零部件质量问题,今年未达到质量指标造成了公司的重大损失,采购部要负大部分责任。"

采购部:"我不认为我们部门做得有多差,每年采购成本都有0.5%的下降,我们也在给公司带来价值。"

质量部参与者的语言背后的动机并不是推诿,看起来他是将责任推到了采购部,实质上是希望高层增加对质量问题引起的重视,并将其作为系统协同的重要环节,而不是一味地只关注成本控制。其内在的核心需求是:缓解质量团队压力,联动采购部解决质量问题。

采购部参与者的语言体现了其不被认同的感受,所以他强调本部门在成本控制方面做得不错。

在上述案例中,如果单就语言进行分析,我们容易陷入"是你的问题还是我的问题,是你的责任多一些还是我的责任多一些"的纠结中。因此,当通过倾听觉察到彼此的动机和需求之后,我们就可以更好地进行引导。

"听了两位的分享,我们感受到了质量部面对频发的质量问题时的焦虑,也能体会采购部成本控制的不易。现在,我们可以探讨一下,在控制成本的情况下,如何协同提高零部件合格率?"

倾听内在动机,将参与者的目标连接到一起,强化价值和目标,可以避免因参与者的焦点错位而导致的对话方向偏离。

倾听想法逻辑

总有一些参与者在表达的时候会说不清楚、唠唠叨叨、逻辑混乱,导致其他参与者无法抓住想法的逻辑和内容。在从事引导工作的初期，我们听到参与者混乱或表述不清的想法，也会感到不耐烦，甚至会焦虑地打断他。当共创引导者面临类似的情况时，应借助发问、倾听和参与技术来支持对方，做到深度倾听，以支持对方更好地表达想法。一般情况下，共创引导者先启动的是倾听技术，使用"精要重述"和"厘清总结"的方法，能支持对方更精准、更有逻辑地分享观点。

一般情况下，可以参考以下句式来支持参与者。

- 并列式："刚才，你讲的想法听起来似乎有三个要点，第一……"
- 递进式："听起来你的推理过程是第一步……，第二步……"
- 因果式："您刚才提到了一些可能的原因，分别是……，这些原因可能会导致这个结果的发生。"
- 归纳式："您说不合规的情况分为三类，其中流程不合规的现象包括……"

实践发现，如果共创引导者能够支持参与者快速厘清想法的逻辑，就能够支持参与者系统、快速地互相理解，支持共识的产生。实践也发现，如果能用这样的方法持续影响参与者一段时间（如半年），参与者的逻辑分析、系统思考和全局观都会有明显的突破。

倾听行动欲望

行动欲望指的是对行动的兴奋和期盼，渴望快速看到行动落地和结果发生。在引导参与者输出行动时，往往会遇到一些卡点，那就是可能会出现"无人担当、相互推脱、等待发声"的局面。如果这种情况出现，说明参与者整体的行动欲望较低。

共创引导者可以通过倾听语气、语调和观察体态来评估行动欲望。比如，当一个人在谈论他在意、重视、投入的事情时，会将音量提高，语气语调会更有力，语速也可能会加快，身体会往前倾，眼神会更坚定。当一个人在谈论他不关注的事情时，便会声音低沉无力、表达语焉不详、眼神飘忽不定。当然，也可以通过倾听参与者对行动的见解，快速感知参与者的兴趣度、兴奋感和对结果的期望值。仍以零部件质量讨论为例。

【场景】提高零部件的质量可以采用三个策略。第一，对现有供应商设定标准，建立供应商准入机制。第二，强化零部件的质检要求和增加质检频次。第三，建立责任连带机制，在与供应商签订合同时，增加质量赔偿条款。现就策略落地的主导部门进行探讨。

质量部："这些策略主要与供应商有关，最好由采购部主导，我们来配合。"

采购部："采购部实在太忙了，团队几乎每天都加班，而且质量的问题最好还是由质量部来牵头，我们采购部就配合你们质量部开展落地吧。"

诸如此类的场景，许多管理者都颇为熟悉。当我们听出行动欲望后，我们可以运用一些共识引导技术来促进参与者更多地担当（具体见后续章节《共识技术》）。

避免过度带入

透过参与者的分享，共创引导者可以与其同频共振，感知到团队乃至组织的动力。在企业的对话中，参与者会时不时地分享一些个人对企业的看法，可能是对企业机制的抱怨，对改变现状的无力感或信心缺失，对企业领导者的不信任或失望，对环境的悲观等，这些想法伴随着声音流露出来。比如，有位参与者说："我们在这里讨论的内容是无法落地的，因为领导不在。他不在，这次讨论的内容就大概率会被推翻。我们做不了什么决定，这在我们公司很常见的。"大多数人听到这个想法后，很有可能会得出以下推论：这个团队处于一种"等领导下决策，凡事经过领导"的管理文化，更多的是由领导权力驱动的，缺乏自发的决策和行动。通过不断地感知和确认企业的群体动力，共创引导者会达到身临其境、感同身受的状态，我们将这种状态定义为"带入"。

当然，能够做到带入，从某种意义上来说是一件好事，因为作为共创引导者，只有体会到参与者所处的"组织背景"，接纳参与者的情绪和观点，才能更好地引导参与者参与对话。

但是，在实践中一定要学会抽离出来，抽离到一个不受企业动力影响的理性立场。有些共创引导者一旦做到"感同身受"，会发现自己被参与者"带走"了，可能会出现与参与者相同的心态和行为。比如内心附和："你们的感受我也有过，我所在的公司也会出现这些现象，这是一个很无奈的局面"；又如内心对抗："这样的参与者还共创什么啊，直接让领导拍板得了""这个团队真低能，我不喜欢引导这样的团队"等。

被"带走"的共创引导者会失去定力，无法更好地支持共创对话。所以唯有中正、开放、理性的倾听状态才是对参与者最好的支持。因此，我们鼓励共创引导者在经历了自我的"带入""抽离"之后，引导参与者站在更高的视角"俯视"分析，如组织的视角，而不是部门的视角；生态系统的视角，而不是单个组织的视角；未来的视角，而不只是过去和现在的视角等，实现动态、立体、系统的对话状态。

本章核心内容

通过本章的介绍，我们对于倾听技术有了全面的了解。

1. 倾听的本质

   倾听的本质是能量的传递。

2. 倾听的五种状态

   忽视地听、假装地听、选择地听、专注地听、全然倾听。

3. 全然倾听

   全然倾听是倾听的高阶状态，指在思维和情感上实现高度同频，抽离了个人的思维和情感，设身处地理解分享者的信息、观点和结论，并快速感知分享者的思维模式和情感模式，最终能够以中立的视角，精准把握分享者的情感和思想，并传达给其他参与者，实现其他参与者的情感同频和思想共振。

4. 全然倾听的两步法

   下载客观信息、确认真实意义。

5. 在企业会议场景中运用倾听技术的技巧

   倾听内在动机、倾听想法逻辑、倾听行动欲望和避免过度带入。

第七章

参与技术：激发想法 带动智慧

在共创对话的过程中，参与者的参与状态直接影响其思维活动。积极开放的参与状态不仅能促使参与者更专注地倾听、联结和催化想法，同时也能在参与中实现更多的学习成长。参与技术意在激活参与者内在的参与感，从而带动智慧。

在对话中,有哪些因素会影响参与者的参与质量呢?我们认为,主要有情绪和思维两个方面的因素(见图7-1)。

图 7-1　情绪引导与思维引导

- 当参与者处于负面情绪中时,会出现情绪卡壳,其关注焦点在情感角度,难以打开身心投入逻辑思维分析。所以共创引导者需要运用参与技术解决参与者情绪状态的问题,即情绪引导。
- 除情绪因素外,由于每个参与者的思维模式不同,在处理对话中的繁杂信息时,常常会出现对话焦点不一致的情况,因而需要对参与者的逻辑思维进行适度引导,避免出现混乱局面,避免因彼此对话、思维不同频而影响最终的研讨成果。运用合适的参与技术以解决(对话中出现的)方向不清或思维混乱的问题,我们称之为思维引导。

情感与思维

当一个人处于负面情绪时，思维的运作往往会陷入失灵状态。

参与者之间交互运作的本质就是信息、想法的互换和激发，从而产出一个共识的结果。一般情况下，我们都是通过听觉、视觉等感官系统来接收外部的信息，然后传输到大脑中进行处理，再反馈到外部的。所以共创引导者要掌握大脑的运作方式，才能更好地激发参与者的情绪和智慧。

我们的大脑指挥和控制我们的语言、行为和感受。其中，感受即情感，主要是由大脑情感中枢主导的。情感中枢，我们也可以称之为"情感脑"，就像是可以收紧、放松的阀门，控制外界信息的获取和传达，对信息及行为的选择起到关键作用。这个"情感脑"还有一个重要的"权力"：对喜欢的信息积极上传下达，而且可能会放大其效用；对不喜欢的信息缩小或忽视，甚至遏制其上传下达。

此外，我们还有一个特别的脑，我们可以称之为"理性脑"。它主导着我们的思维，调动我们储存的信息（记忆），对新获取的信息进行整理、归纳和推理，并按照某个模式进行编程处理（即我们常说的"每个人都有自己独特的思维模式"），然后产出相应的结论、决策或行动。理性脑可以说是没有情感功能的，类似计算机的CPU，总是在毫无感情色彩地运作。

那么，情感脑和理性脑之间是如何相互影响的呢？

当一个人接收到了信息，第一时间传输到的是情感脑。如果情感脑不喜欢这个信息，就会收紧它的阀门，把信息截留而不向理性脑传送，同时会产生一些低能量级的情绪，如愤怒、抱怨、悲伤等。如果情感脑特别喜欢这个信息，就会积极上传，甚至放大这个信息，同时可能会出现过度亢奋、激动的情绪。但不管出现上面两种情况中的哪一种，当情感脑的状态不是平和愉悦的时，理性脑的作用发挥都会受到影响。比如，当一个人处于愤怒的状态时，较难接收其他不同于自己的观点和想法；而当一个人处于亢奋状态时，他可能会弱化甚至无视风险，导致盲目决策。

此外，当我们的理性脑得出一些结论、指令后，也会通过情感脑的阀门进行输出。如果情感脑不喜欢这些结论或指令，就会收紧阀门而停止下达。结果这些结论或指令就卡在了情感脑，导致（人的）反应下降、行动迟缓乃至停滞。相反，如果情感脑比较喜欢这些结论或指令，就会打开阀门，积极地输出，但是一旦过度，就会导致强行控制、盲目说服的情况。比如，在某个原因分析环节，当可能的想法全部呈现后，通过分析得出的主要原因是"零部件规格一致性低"时，如果现场的采购负责人在情感脑中对这个结论是抗拒的，那么他可能会反驳，甚至转移焦点。如果现场的生产负责人在情感脑中对这个结论是认同的，那么他可能会激动亢奋，出现过度解释和证明的行为。

因此，情感脑是影响思维运作质量的关键。情绪引导可以支持参与者突破情绪的卡壳点，实现自我调节，进入一个较为平和、愉悦的感受层面，更好地支持理性脑充分发挥价值。可以说，在支持参与者调动智慧的过程中，情绪引导是摆在第一位的，其次才是逻辑思维引导。

情绪引导

情感脑会影响我们身体的生理运作，如呼吸、心跳、内分泌等，具体体现在面部表情、身体体态、音量语调等方面。我们可以通过一些现象觉察参与者的情绪状态。优秀的共创引导者往往懂得通过察言观色判断参与者的状态，并采取相关的技术进行调整。

什么是积极的情绪状态呢？当参与者处于积极的情绪状态时，给人的感觉是兴奋、好奇、平静、放松、专注、信心、理性、平和、愉悦、清晰的，而他们也会有如下的行为表现：

- 语言表达较为中立、客观，不过度否定或过度判断，能以较高的包容性和开放性与他人进行对话。
- 眼神较为专注，更多地把注意力投放到分享者给出的信息中，能够感知到其中的逻辑，并积极分享自己的见解。
- 喜欢写写画画，能够将关键信息记录或标注，支持他人表达想法。
- 在对话中与他人在某些想法或结论上有差异时，不会上升到价值观攻击或者人身攻击，能够通过更多的对话探询，找到彼此的共识或创新想法。

而当参与者处于负面情绪状态时，往往会有以下的行为表现：

- 在共创开始阶段，可能会出现怀疑、懒散、厌倦、不安、焦虑、迷茫、双手抱臂作旁观状，或沉默不语、不回应发言等表现。
- 在共创深入阶段，也可能因抵触、对抗、困惑、茫然、悲观、厌倦等情绪而出现频繁打断他人讲话，窃窃私语开小会交流，心不在焉开始神游，拿出电脑处理其他工作，催促大家赶紧决定、尽快散会等现象。

导致这些负面情绪出现的原因很多。在开始阶段，往往是因为会议前信息传达不到位，参会者彼此不太熟悉，现场环境差，会议过多身心疲惫，对结果不抱希望等；在深入阶段，更多的是因为讨论过程思维紊乱，跑题偏题方向不清，某些人主导了对话而自己没有机会参与，个人观点表达后被否定、打击，时间过长缺乏休息等因素。不论导致这些现象的原因是什么，当参与者处于负面情绪状态时，都需要共创引导者给予适度关注和干预。

这就要求共创引导者掌握必要的技术，以支持参与者将负面情绪转化为积极的情绪。从实践经验中，我们发现情绪引导的两个关键场景，一是对某个参与者个体情绪状态的引导，二是对整体情绪状态的引导。下面我们分别从这两个方面来阐述。

个体情绪状态引导的原则

如果一个人处于负面情绪状态中，那么他的理性面会失调，也会直接影响现场对话的氛围。

当觉察到某个参与者出现情绪不佳的情况时，共创引导者要通过引导来支持他保持、提高参与的意愿，具体要把握两个原则（见图7-2）。

图7-2　个人情绪状态引导的原则

原则一：尊重。优秀的共创引导者能够接纳并尊重参与者的情绪，理解每个个体都会基于自己的视角、过往的经历和所处的环境产生各种情绪状态，而这本身没有好坏对错之分。抱持着这份尊重，共创引导者将完全不受对方情绪状态的影响，始终保持平和淡定，积极地回应和影响对方。

原则二：支持。共创引导者还需要支持对方自己突破情绪卡壳点，而不是急于改变对方。在实现情绪转换的过程中，参与者自身的力量才是关键的，任何外界力量都只是一种支持。作为共创引导者，我们能做的是向对方传达一份关注和力量，帮助其构建一个化解情绪的通道。

情绪引导的步骤

基于尊重、支持的原则，共创引导者可以适当采用关注联结—适度介入—推进议程这三个步骤来支持参与者进行能量调节（见图 7-3）。

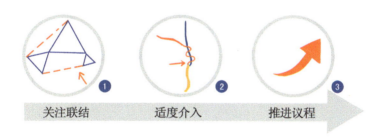

图 7-3　情绪引导的三步法

关注联结

共创引导者需要与对方建立情感联结，传达尊重和理解。共创引导者可以采用目光注视、适当回应等方式，去同理参与者的感受，强化彼此良好的关系。当共创引导者的眼神关注到对方时，传达的意思是：我看到你了，我感受到了你的心情，我理解你的状态。当双方目光交汇时，适度地点点头，给予一些微笑，或许就能带给参与者一些力量。此外，如果有参与者在讨论时出现游离，共创引导者及时给予适度关注，并对他们投去友好的目光，对方可能就会因此意识到自己不在状态，从而做出调整。

适度介入

不是参与者出现任何负面情绪状态都需要介入干预。如果上面提到的适度关注能引导对方调整，那么就可以暂缓行动。

当出现需要介入的情况时，通常可以采用亲和式发问、澄清解释、合作共议等方式，厘清要因、澄清误解、输出合作措施，以化解卡壳点。

◎ 案例

在一次共创会上，现场某位参与者处于焦虑的状态，不断地挑战、施压于另外一位参与者，双方徘徊在"这是谁的问题"的归责中，即将进入争吵的阶段。现场有位领导看到这个情况，不耐烦地站起来说："吵什么吵，吵架就能解决问题啦？一个巴掌拍不响，这个事情你们两个部门肯定都有问题。"

随后，现场出现了一些变化，争论双方都憋住气坐下来了，但是情绪卡壳了，后续的讨论也是有一句没一句地进行。

此时就需要共创引导者的介入，但如果介入的方式过于粗鲁，可能会引发负面效果。

共创引导者可以采用发问技术，提出一个问题，比如："我注意到了刚才的对话，也能体会到大家渴望快速改变现状的心情，那么在未来，您最希望对方重视和支持您解决的是哪个难题呢？"这样的发问比较亲和，而且委婉，能够带入情感共鸣，让双方平静下来。

推进议程

当发现参与者的情绪状态基本开始往积极方向发展时，共创引导者则可以通过调整焦点、聚焦议题、推进议程等方式，支持参与者跳出情绪焦点，投入到后续的共创对话中。这个动作是非常重要的，要避免参与者不断在情绪圈中打转，共创引导者需要带动参与者进入深度分析。

接下来，我们就以下面的案例说明如何进行个体负面情绪的引导。

◎ 案例

某参与者经常看手表，并打断他人的表达，面带不悦，偶尔还会发表"浪费时间"的言辞。能看得出来，其他参与者对他有不满的情绪。

不恰当的引导方式1：直接过去向对方说明，不要经常打断他人的话，并要求他按照对话议程和约定进行。

不恰当的引导方式2：听之任之，放任其影响其他参与者的状态。

采用关注联结—适当介入—推进议程三步法进行引导的方式如下。

共创引导者："我注意到您时常看手表，并且神情有些焦虑，似乎有其他的顾虑，我能了解一下吗？"（关注联结）

参与者："我觉得我们现在的讨论就是浪费时间，我们很忙的，事情也多，觉得这事就无须讨论了！"

共创引导者："我能感受到您目前事情多、工作忙的心情，想了解一下，是什么原因让您产生开这个会是浪费时间的感受呢？"（适当介入）

参与者："我觉得这个事情跟我们部门的工作关系不大，他们讨论出结果，我们来配合就好了，况且我一个小时后还有一个重要的会议。"

共创引导者："那么，您觉得可以做些什么调整，以便您更好地兼顾这两个会议呢？"（适当介入）

参与者："我想一个小时后我就得离开了，如果后续涉及需要我发表观点的讨论，可以在微信上给我留言或打电话。"

共创引导者："谢谢您的支持。按照议程，会议共 90 分钟，我想征询一下小组其他成员的想法。"（适当介入）

其他参与者："可以的。"

共创引导者："好的，那么让我们继续将刚才共享的想法进行一下整合和聚焦吧。"（推进议程）

带有负面情绪的参与者会影响其他参与者的情绪，一旦发现，共创引导者就需要找准时机进行介入，并让其他参与者看见和体察，然后推进共创的进程。我们在实践中发现，只要创建一个"悦纳的空间"，许多带有负面情绪的参与者是可以理解和快速调整的。在上述案例中，这位离开的参与者后来在微信中将他的观点告诉了大家，并在另一个会议结束后立刻回到了现场，他表示他喜欢这种对话的氛围。

整体负面情绪状态的引导

参与者整体的负面情绪状态通常出现在共创开始和共创深入阶段，引导的难度也会比较高。

一般情况下，会议开始时参与者会存在一种由"会议无力症"导致的低能量状态，因为他们不享受会议的过程，也不看好会议的产出。因此，共创引导者需要在会议开始时支持参与者进行整体的能量调节。此外，在共创进入深水区的时候，参与者会容易因为立场不同、观点差异、思维局限等进入争吵、疲惫、焦虑等状态，而这个阶段是影响共创结果的关键时刻，需要特别关注。

那么，在共创开始阶段，低能量状态该如何引导（见表 7-1）？在共创深入阶段，参与者的低能量状态该如何引导（见表 7-2）？

表 7-1 共创开始阶段不同参与状态下的介入技巧

参与状态	介入技巧	要点提醒
彼此不太熟悉，有些不安或者是会议过多身心疲惫	唤能活动：采用简单的游戏、冥想、幽默等方式，将参与者凝聚，并将大家的注意力调动起来	在前面介绍共创引导模型的章节中，我们提到了建立场域的模块，我们可以适当参考该模块的一些活动，从而预防参与者的低能量状态
现场环境差，参与者觉得烦躁	环境改善：运用音乐、茶点、色彩及挂图等，营造轻松的环境体验	尽可能让参与者看到你对现场环境布局的心思，如果条件不允许，建议在共创前先对参与者表达歉意
对主题不感兴趣，因会前信息过少感到迷茫	建立认同：共创开始前，与参与者就共创目标、流程及对话约定达成共识，并集体通过	如果可以，事先将相关的背景材料打印出来，并提前发放给参与者了解
悲观地参加会议，觉得会议是浪费时间	逐个访谈：运用定制的能量签到表了解参与者的状态，在开始共创前对状态不佳者进行会前1对1快速访谈和疏导	作为签到的一个环节采用，共创引导者需要留有一定的时间，但不能占用太多共创工作坊的规定时间，否则会引起参与者对等待时间的不满

表 7-2 共创深入阶段不同参与状态下的介入技巧

参与状态	介入技巧	要点提醒
发表想法意愿低下，表现为：敷衍附和，沉默不语，害怕被知道真实想法，层级过低不敢发表言论	匿名卡片表达法：引导参与者将想法写在卡片纸上，由共创引导者向所有人念出每个想法，并进行想法归类。逐步引导参与者打开防卫，自主表达	对于表达不清晰的想法，邀请参与者优化 不对想法发表主观评论
注意力容易涣散，投入度低，有些人缺乏聆听、互相插嘴、混乱表达，有些人窃窃私语，有些人沉默不语，有些人在看手机或电脑，无法专注倾听其他人的表达	导入发言规则：先暂停讨论，邀请参与者回归到这个议题，采用排序发言—简要重述—白板记录—寻找异同点的四步参与技术引导发言，推进小组的焦点聚焦 视觉同步引导：视觉和听觉的信息获取同步进行有利于集中注意力，所以共创引导者可以使用大白纸、大白板及彩笔等，快速运用图表等记录关键想法，确保参与者迅速看到这些信息 简要重述观点：在适当时大声将参与者表达的关键信息做简要重复，以吸引其他参与者的重新注意	当表达者的音量过低或表达累赘时会使其他参与者的注意力下降，因此可以适当提醒观点表达者提高音量或者精简表达 不建议在共创现场频繁地提醒其他参与者加强注意力

（续）

参与状态	介入技巧	要点提醒
出现一位强势主导讨论或言辞激烈、情绪激动的参与者	适当强调法：强势主导讨论或言辞激烈的行为主要是因为参与者内心强烈希望被其他人关注，因此共创引导者可以在适当帮助其重述关键点后邀请下一位发言者，逐步支持其找到会谈的节奏 排序发言法：邀请参与者整理发言内容并规定发言的时长和顺序，邀请未发言的参与者补充不同的想法及强调相同的想法	避免强硬打断其目前的状态，或者私下沟通需要对方改变的过激表达或主导表达的行为 顺序发言过程中，支持表达烦琐的参与者精简表达，支持未充分表达观点的参与者更详细地表达想法 快速将参与者的想法列出，使其"被看见"
现场出现多位参与者强烈抵触、多方对抗等充满负面情绪的局面	静默沉思法：邀请参与者暂停讨论，感受现场的能量，提醒参与者理性、全面而不过度情绪化地表达观点。如邀请参与者安静1分钟，并回顾"刚才我们自身的哪些行为或表情影响了彼此的会谈，我们可以做些什么改变"，然后，邀请参与者轮流分享自己的感受及需要做哪些行为或语言的调整 厘清异同法：待情绪平复后，邀请参与者写下彼此一致的想法，列出有差异的想法和理由，形成想法异同清单后再进行会谈。或者邀请某个较为理性的具有第三方观点的参与者分析异同	不建议放任局面自由发展，否则容易失控，导致会谈中断 共创引导者支持各方运用板书快速厘清异同，同时让这些异同"被看见"

思维引导

当能量状态已经处于较佳水平时，需要高效运作参与者的理性脑。因为每个参与者的信息面、思维模式等存在差异，所以如果缺乏有效的引导，参与者容易陷入议题不清、跑题偏题、信息混乱、逻辑紊乱等局面，导致共创难以达成共识。

在企业中，许多主持会议的人对参与者的思维引导关注较少，认为支持共创讨论的过程就是运用各种分析工具的过程，容易陷入"工具论"，被工具套牢。事实上，所有工具都是为特定的对话场景服务的。

思维引导主要有三种关键场景（见图7-4）：第一种与参与者的议题方向有关，包括议题跑偏及混乱；第二种与对话流程有关，研讨方向是对的，但是整体的讨论节奏和流程混乱；第三种与参与者想法有关，如出现想法枯竭或混乱等现象。针对不同的场景，我们需要运用不同的支持工具来化解和推进。

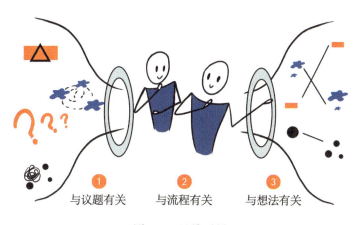

图7-4　思维引导

议题方向的引导

如果方向混乱不清，那么共创结果也无从谈起。所以当议题跑偏和议题过多时，共创引导者需要及时介入，进行共创方向的引导。

情景一　现场议题跑偏。

介入技巧：采用议题画布的方式进行引导（见图7-5）。

议题画布是一种规避议题及流程跑偏的预防方法：在讨论议题时，设计讨论模块并画出议题画布，供参与者将讨论的关键内容同步记录在画布的相应位置，避免天马行空、跑题偏题。议题画布设计的本质是会谈的框架设计，应避免过度复杂。

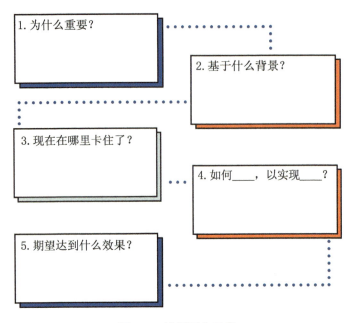

图 7-5　议题画布示意

情景二　议题过多，出现混乱的局面。

介入技巧：追踪原先议题，必要情况下修订议题。

当出现不相关议题的干扰时，共创引导者可以先暂停讨论，询问参与者："目前讨论的议题是哪些？跟原来的议题有什么关联？"支持参与者进行议题关联或取舍，从而回到原来的议题中。在讨论过程中，我们应适当追踪讨论的进度。议题清单上的讨论顺序是按照重要性进行的，如若有议题因时间问题来不及讨论，共创引导者应与参与者做一次快速回顾，并达成后续处理方案。

追踪原先议题的前提条件是，原先议题是关键的，需要继续探讨下去。至于干扰的议题，则是无关紧要的，是需要去除或者暂时悬挂到"停车场"的。

若发现原先的议题不合适，需要重新定义甚至更换议题。更换现有议题的方法是：先暂停讨论，咨询参与者"目前的议题与原先议题的差异"，聆听参与者的分析，并尊重参与者的选择。

流程的引导

在讨论过程中，我们应厘清流程框架，避免陷入逻辑混乱（见图 7-6）。流程混乱会导致参与者对共创引导者失去信心，从而质疑对话质量。所以大部分情况下，共创引导者需要在共创对话前，先在大脑中预演共创流程或者模拟演练一次，以免出现流程混乱的局面。此外，当议题发生改变后，流程可能也需要做出相应的调整，以匹配议题的需求。否则，参与者可能会因混乱而产生焦虑感，甚至由此产生怀疑和对抗的情绪，有些参与者会因此觉得无意义而离场。

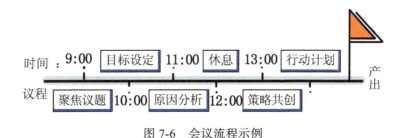

图 7-6　会议流程示例

流程混乱通常有两种情况。第一种情况是参与者不清楚讨论框架导致的进程混乱，这时应先暂停共创，和参与者一同厘清讨论的框架及步骤，并达成共识。然后在条件允许的情况下，快速将流程画出，并粘贴到参与者看得到的位置以作提醒。第二种情况是共创引导者自身原因导致的讨论框架混乱,这时应让参与者适度休息,快速修订原先的讨论框架,或者与参与者共同调整框架。

想法的引导

参与过程最核心的目的是激发出更多富有建设性的想法、创新的见解,实现高品质的共创。事实上,我们发现,企业中的多数员工都已经在某个领域形成惯性思维,很少能够跳出框框,站在更多元的角度产出富有创造力的想法。必要的引导可以帮助参与者打开思维,诞生新想法。

(1)应用卡片工具,用手带动大脑。对于大部分参与者来说,思维的局限容易导致想法单一或枯竭。当出现这种状况时,共创引导者需要引导参与者多动手,以带动大脑的运作,支持每个人分享想法,鼓励参与者无论想法是否有价值,先动起来。共创引导者可以采用卡片式头脑风暴法(见图 7-7),邀请每个参与者将想法写或画在告示贴上,越多越好,然后进行逐一分享。大家一边分享,一边将类似或同一类别的想法整合归类,梳理和联想更多想法。

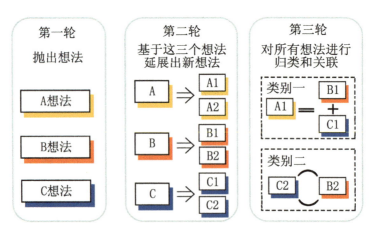

图 7-7 应用卡片式头脑风暴法

（2）找到逻辑关系，梳理混乱想法。在某些关键的议题中，参与者会抛出很多想法，但是现场会出现想法混乱、缺乏逻辑性的现象。这种混乱有些时候是好事，可以激发更多想法，但是持续时间不宜过长。到了一定程度，共创引导者可以引导参与者梳理逻辑，找到这些想法的关系。常见的逻辑关系包括并列关系、因果关系、递进关系、包含关系。

并列关系（见图7-8）：想法与想法之间无太多的本质关联，更多的是一种并列关系，如对"12月的促销主题有哪些选择"展开头脑风暴，那么得到的想法大多是并列关系。

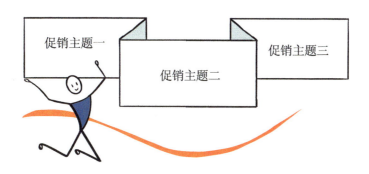

图7-8 并列关系示例

因果关系（见图7-9）：有些想法是另外一些想法的成因，共创引导者可以支持参与者厘清其中的因果逻辑。因果关系经常会在原因分析、要素分析的时候出现，可以通过一些辅助工具来进行梳理，比如生产制造领域常用的"鱼骨图分析法"。

递进关系（见图7-10）：运用时间或进程的逻辑对想法进行串联分析，通常用于议程、流程、项目分析等场景。共创引导者可以结合时间轴、节点图、甘特图等工具支持参与者厘清逻辑线。

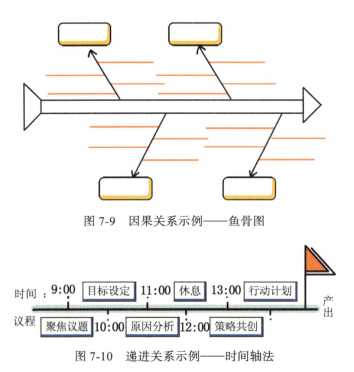

图 7-9　因果关系示例——鱼骨图

图 7-10　递进关系示例——时间轴法

包含关系（见图 7-11）：建立或提炼分析的维度，将相关的想法归类到相应的维度中，实现分类组合。比如，营销团队经常运用 4P 工具来分析营销的议题。

图 7-11　包含关系示例——营销 4P 工具

本章核心内容

1. 提高参与质量的两大途径

　　情绪引导及思维引导。

2. 个体情绪状态引导的原则

　　尊重、支持。

3. 情绪引导三步法

　　关注联结—适度介入—推进议程。

4. 思维引导包含三方面的内容

　　议题方向的引导、流程的引导、想法的引导。

5. 议题方向的引导

　　议题跑偏可采用议题画布的方式进行引导，议题过多、局面混乱则可追踪原先议题，必要情况下可以修订议题。

6. 流程的引导

　　厘清流程框架，避免陷入逻辑混乱。

7. 想法的引导

　　（1）想法单一或枯竭，可采用卡片式头脑风暴法。

　　（2）想法混乱、缺乏逻辑性，可以根据并列关系、因果关系、递进关系、包含关系对想法进行梳理。

第八章

共识技术：自动自发 落地成果

共识促进行动，是参与者自动自发落实共创成果的关键。在共创对话中，共识的达成是指参与者从感性和理性两方面，都认可阶段性对话成果或最终的共创成果（见图8-1）。这里讲的共识，既不是所有参与者绝对的认同，也不是为了和谐的人际关系而过分妥协，而是参与者之间基于探询求同存异，并最终做出符合整体最大利益的选择。

图 8-1 共识的达成

共识促进融合

共识是一个深度融合的过程,一般分为了解—理解—接受—认同—拥护五个阶段(见表 8-1)。共识不是在对话的最后才发生的,而是随着过程逐步积累,最终在对话结束时自然而然地发生的。共创对话不是漫无目的地扩散,当共创进行到某个阶段时,共创引导者需把握住收敛的节点,引导参与者进行阶段性共识决策,为最终的对话成果即共识做铺垫。

表 8-1 参与者共识达成的五个阶段

共识阶段	描述定义
了解	交换了彼此的想法或观点,但仅限于了解想法或观点的字面意思
理解	知道彼此的想法或观点是站在哪个角度输出的,并理解其内在的逻辑关系
接受	在理解的基础上,能够接受某个想法或决策,但在情感上没有产生共鸣
认同	在情感和思维上都认同这个想法或决策,并愿意支持该想法或决策继续推进
拥护	基于认同,能够主动采取积极影响他人的措施去支持该想法或决策落地,如果未能如愿,会出现愤怒、失望等负面情绪

人际矛盾和决策顾虑影响共识的达成

在第七章"参与技术"中,我们提到参与状态会受情绪和思维两方面的影响。进一步说,参与的质量直接影响共识的质量。参与过程品质比较高,达成共识的速度和质量就会更好。那么,影响共识达成的主要因素有哪些呢?

(1)人际矛盾:人际矛盾是影响共识的首要因素。通常人与人在日常交往中形成了对他人的判断,在情感脑中形成情绪的堆积,长期会影响到个人对他人的判断,这种情绪和判断会影响双方共识的达成。在共创过程中,人际矛盾不一定总会在现场暴露出来并产生影响。如果人际矛盾已经明显暴露且影响了对话的结果输出,此时,必须进行适度引导,让参与者将情绪和关系暂时放下,站在大局的角度支持共创。

(2)决策顾虑:在企业中,多数员工认为决策是一个非常重大且存在风险的事情,所以只能由领导来进行。因此,大部分时候,参与者都会把方向、目标、战术、资源、行动之类的决策交由领导进行,无法参与到决策中,而习惯被动地听指令工作。一旦出现问题,就推卸责任——"这是领导说的,这是领导决定的,我们只负责执行"。长此以往,员工自动、自发的主人翁意识就会丢失,处于"等、靠、要"的状态。所以在共创对话中,共创引导者需要支持参与者进行集体决策,实现团队智慧的高度融合,最终确保团队行动的高度协同。

突破人际矛盾

共创引导者要识别对话中参与者之间出现人际矛盾的行为信号,并运用合理的技巧进行引导。

人际矛盾可能是历史原因造成的,也可能是现场摩擦造成的,通常当参与者之间出现人际矛盾时会有如下行为信号:

- 不愿意发表观点,沉默应对或一笑置之,眼神不关注对方,身体朝向另一边。
- 言语咄咄逼人，有进攻性和指责性的表达，情绪较为激动。
- 共识过程中，某些参与者的观点言之无物、躲躲闪闪，经常牵扯到非本次议题的其他事情。

一旦出现人际矛盾，参与者就无法倾听彼此的观点，更不会去理解、思考和联结更多的可能性，而是停留在情绪面的博弈中。一旦出现人际矛盾，共创引导者的第一要务就是要立即干预，减缓或消除矛盾，而不能选择回避忍让、听之任之，因为人际矛盾一旦爆发，回避忍让只会让共创无法进行，现场的负面情绪将会更加严重。所以共创引导者需要坚定自己的内心，中立地介入，疏导情绪。

共创引导者可以使用参与技术来实现人际矛盾的部分解决。突破人际矛盾的关键策略是：引导、反思、合作。在具体的做法上，建议共创引导者从以下五个步骤展开（见图8-2和表8-2）。

图 8-2　突破人际矛盾五步法

表 8-2　突破人际矛盾五步法具体操作说明

具体步骤	语言模式参考	作　用
暂停对话	让我们先暂停10分钟。我注意到我们的情绪在往下走，让我们一起来调整一下，好吗	暂停是为了更好地前进

（续）

具体步骤	语言模式参考	作用
回顾当下	我很高兴大家将自己的内心感受分享出来了，这是一个好的开始，然而我们刚才的语言、表情和行为可能不太利于我们解决问题，所以我想邀请大家安静下来，用1分钟在大脑中回顾一下刚才的情景	让参与者能冷静回顾、反思刚才发生的情景 切忌对参与者进行点评
分享感受	我们相信每个人都是希望解决问题的，只不过一些事情干扰了我们的情绪和认知，所以我想邀请大家放空内心，用1~2分钟分享一下：您欣赏对方的什么优点，您的期望是什么，您可以做哪些改变	引导参与者用平和的语气换位思考，从对抗到反思，进行情感联结
转向聚焦	谢谢大家对自己和他人的认可及反馈，我们现在需要做什么约定，以便更好地帮助我们处理情绪和推进合作呢	不过度介入核心人际矛盾的事件，疏导对立的情绪后引导参与者转而往前走
重新推进	接下来，让我们带着积极包容、合作共赢的情绪回到刚才的议程吧	鼓励支持进程

处理决策顾虑

对话的本质是思想的交流和激发，观点差异是共创对话中经常出现的现象，也是创新的来源。因此，共创引导者对决策差异的引导可以从议题类共识、信息类共识、理解类共识及行动类共识四个方面进行（见表 8-3）。

表 8-3 共识的四种类型

类型	关键内容	共识后的输出物
议题类共识	在对话开始时，参与者对接下来探讨的议题从内心中觉得是重要的、与自己相关的。此外，要对大型议题进行适度的切割，聚焦共创的方向，进行方向上的共识	议题清单 待定议题清单

（续）

类　　型	关键内容	共识后的输出物
信息类共识	对大家分享的数据、现象、事件、进度等客观信息进行共享，并达成对信息全面性和准确性的基本共识	信息共享清单 关键信息描述
理解类共识	对原因、关键点、影响要素等进行分析，并锁定关键原因或关键点	核心原因或核心关键点（可以用关联图或清单的形式展现）
行动类共识	对目标、策略、方案等进行分析，并进行决策方式及内容的共识 对行动相关内容，如分工、负责人、考核、协作、时间进程、资源等，进行计划分析，促进后续的行动和协同的一致性	目标图 关键策略或关键方案 行动计划表 资源支持图

议题类共识的引导

一些共创工作坊设定的主题是较为宽泛的大型主题，如"2019年度质量改善共创"，那么就涉及议题共识的环节，比如"质量改善具体从哪个维度切入探讨"。

议题类共识的引导包括以下三个步骤。

第一步：整合联结

邀请参与者将多个议题进行分类整合、关联分析。对于上述的"2019年度质量改善共创"，共创引导者可以发问："基于目前市场反馈的数据，请大家提出质量改善的十大议题。"参与者列出议题后，共创引导者带领参与者选出关键议题并对其进行分类，输出议题清单。

如果在深入探讨的时候出现新的议题，那么可以征询参与者的想法，再决定是否要将新议题纳入，对现有的议题进行整合（见图 8-3）。或者，可以将新议题暂时放在"停车场"（见图 8-4）。（"停车场"是一块用于粘贴待定议题的地方。"停车场"的设计一方面是为了确保流程正常推进、不受干扰，另一方面是为了避免参与者忽视或丢弃议题，"停车场"里的议题可以用于后续讨论，或者开启另一次共创对话。）

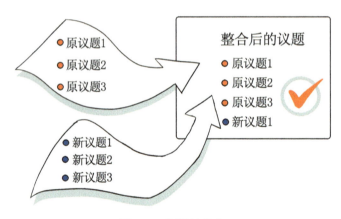

图 8-3　议题的整合

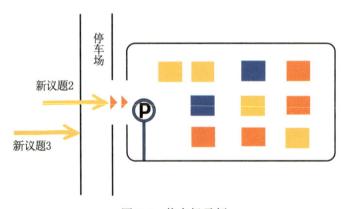

图 8-4　停车场示例

第二步：评估议题

如果共创时间有限，但多个议题都与参与者紧密相关，且不能分开讨论时，可以设定议题的评估标准，赋予其权重，使用议题评估表（见表 8-4）进行打分排序。一旦确定了本次共创的议题，其他议题就可以列入"停车场"，在对话结束前的最后环节，再组织参与者讨论这些议题的后续安排。

表 8-4　议题评估表示例

评估维度	分值（1~5分）	权　重
该议题与组织近期关键目标的相关性程度		
该议题在某一段时间内（如 1 个月内）的重要性程度		
该议题在某一段时间内（如 1 个月内）的紧迫性程度		
该议题能在多长时间内（如 2 小时的会议）得到充分讨论及解决		
目前参与者对该议题的相关信息或数据的了解程度		

第三步：并行讨论

如果多个议题都很重要，参与者表示均需要共创时，建议对参与者进行分组，同时进行共创，并在必要的环节进行跨团队共创。多议题并行共创一般使用移动会谈法。移动会谈法的实施步骤如下。

（1）选拔议题组长：基于每个议题的需要，邀请一位组长负责主持议题的共创。

（2）划分为小组：基于与议题的关联度和对议题的兴趣度，参与者自愿划分为小组。有些参与者可能与多个议题相关，可将这些人作为机动人员，使他们按照需要随时进入不同的小组会谈。

（3）并行共创会谈：明确对话流程，参与者在组长的引导下进行共创。共创引导者进行议题追踪，关注进度。

（4）交换成员，移动会谈：必要时小组可以按照需要定向邀请其他小组的成员，或者按照自愿的原则互换成员，也可以保持不变。但是无论如何，议题的组长是不需要交换的。移动会谈的目的是使参与者既能够照顾到自己感兴趣的话题，又能够参加其他议题讨论，帮助打开思路。移动会谈可以使议题得到更全面、更深入的分析，带来更多思考，甚至会带来超出预期的惊喜。

（5）共享共创成果：当共创进行到一定程度，共创引导者可以收集共创成果，将成果进行适度的可视化，并邀请组长进行分享。

多议题并行共创时，对现场议题的管控、推进和引导的要求会较高，建议组建一个共创引导团队共同进行。

信息类共识的引导

与议题相关的一些数据、现象、事件等是客观存在的，在信息类共识的引导中，共创引导者要支持参与者快速厘清信息间的关联，这些关联可能是先后顺序、总分逻辑、并列关系等。为了让参与者能够一目了然地厘清这些关系，可以借助一些辅助工具，如矩阵图、思维导图、流程图、亲和图等，帮助参与者对信息进行梳理，厘清逻辑。

矩阵图：结合议题，使用矩阵图来设计信息维度。使用矩阵图分析议题（见表8-5），可以直观反映不同维度的信息，还可以支持参与者进行适度的对比和分析。例如：新的促销方案运行了一段时间，现在的市场表现如何？

表 8-5 矩阵图

	客单价	新客数	复购率	二次转介
旗舰店				
直营店				
加盟店				

思维导图：围绕议题展开更发散的探讨，获取更多的信息，使参与者看到信息间的层次关系（见图 8-5）。例如：目前，供应链物流的金融产品主要有哪些？

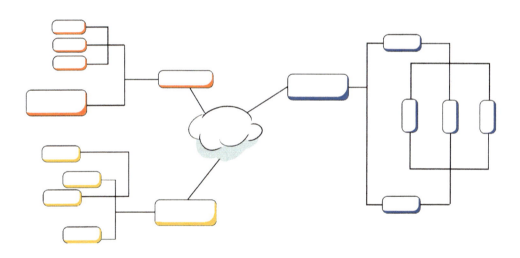

图 8-5 思维导图示例

流程图：按照某个流程或时间安排对信息进行递进分析，使参与者看到信息之间的递进关系（见图 8-6）。例如：目前，二手车业务流程中存在哪些不顺畅的地方？

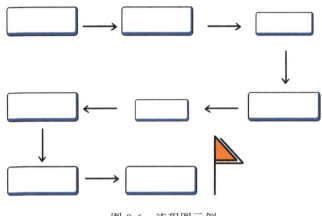

图 8-6 流程图示例

亲和图:将同类型的信息进行快速整合,支持参与者进行信息分类以及信息提炼(见图 8-7)。例如:目前,员工感到公司在哪些方面是低效能的?

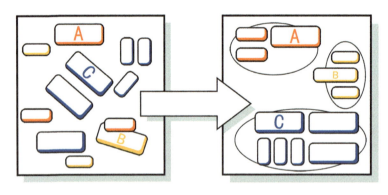

图 8-7 亲和图示例

理解类共识的引导

理解类共识主要是对原因、关键点、影响要素等形成的一致理解,能推进策略或方案的有效输出。

理解类共识的卡点主要体现在以下两个方面。

一方面，在分析问题的过程中运用了不恰当的分析工具，导致思维难以统一。比如，如果我们要分析生产过程中影响生产线合格率的因素，那么最好的分析工具是鱼骨图，它可以帮助我们从人、机、料、法、环、测六大维度分析原因。如果只运用头脑风暴法进行分析，容易过度发散或过度纠结于某个问题，陷入抱怨圈，进行阶段性决策的难度就会加大。这类情况通常发生在对议题的现状、原因、关键点或意义等方面的分析中。

另一方面，参与者对未来效果和风险的模糊性产生了担忧和恐惧，这种担忧和恐惧会让大部分参与者都不太愿意主动进行决策或担当。比如，公司如何制定预算为 3 个亿的创新促销方案，实现活跃用户和增长新用户的目的？公司的运营和算法团队输出了若干个创新促销方案，但是在决策的时候，可能会出现"有分析，没有决策"的情况。这类情况主要发生在目标、策略的决策过程中，因为参与者担忧未来的不确定性，面对可能的风险和责任，产生了顾虑。

那么，面对以上的两个主要卡点，共创引导者应该怎么引导参与者进行突破呢？

（1）对原因、关键点、影响要素等进行分析，并锁定关键原因或关键点。共创引导者可以采用鱼骨图、树图等工具支持分析，聚焦出重中之重的关键点。

（2）对目标、策略、方案等进行分析，并进行策略共识。对于参与者来说，共识的难点主要在于对未来的决策。由于方案或策略的落实过程涉及的利益方较多，参与者会更加谨慎和敏感。

为了方便大家理解，现假设存在方案 A、方案 B、方案 C、方案 D，通常共创引导者可以采取以下四种方式引导参与者达成最终共识。

共识策略 1：融合决策法

如图 8-8 所示，在方案 A、B、C、D 中，选择一个基础方案 B，并在方案 B 的基础上，将方案 A、C、D 中可以借鉴的方面融合到方案 B 中，使方案 B 更加精进，最终形成方案 E。

$$A + B + C + D = E$$

该策略适用于 A、B、C、D 四个方案存在一定的互补性时。

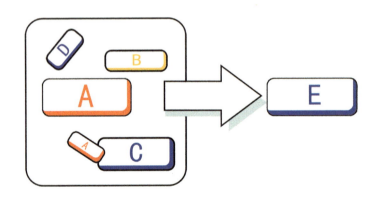

图 8-8　融合决策法

共识策略 2：关键人决策法

如果参与者已经明确最终的决策由某位关键人物进行，那么可以使用关键人决策法（见图 8-9）。也就是说，邀请关键人在共创最后输出的方案 A、B、C、D 中确定一个方案。但如果参与者日后与该方案的执行是紧密相关的，那么不建议经常使用这种共识策略，因为参与者必须发自内心地做选择，达成真正的共识，才能促进更高效的行动。

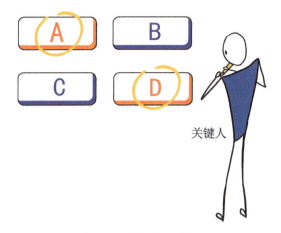

图 8-9 关键人决策法

共识策略 3：投票决策法

我们可以运用表 8-6 中的三种投票法进行选择，少数服从多数，最终确定其中一个方案。该策略属于妥协性共识策略，在一些非常重要的议题上一般不建议使用投票法。此外，在运用投票法时，建议优先考虑核心利益相关者的立场。

表 8-6 投票决策法

投票法 1	投票法 2	投票法 3
4 选 1，得票最多的方案为共识方案	4 选 2，然后 2 选 1，比起投票法 1，投票法 2 的共识面更广	由与议题相关性较高的参与者进行投票，给予他们的票数核心权重，选出票数最多的 2 个方案，然后全员进行 2 选 1。这种投票法照顾了核心的利益相关者

共识策略 4：标准决策法

标准决策法能够推动参与者进一步深度分析方案。通常，在面对方案 A、B、C、D 方案时，共创引导者可以根据对未来和过去的分析设计一些评估维度，支持参与者达成共识（见表 8-7）。该共识策略较适合关键性的决策，需要引导参与者放下情绪，进入理性分析，并在对原有的方案进行优化后做出决策，因此耗时较长。

表 8-7 标准决策法示例

	方案 A	方案 B	方案 C	方案 D
共同点				
最大、最小收益预估				
最大、最小成本预估				
实施难易度、可行性				
实施的时效性				
可能的风险点				

行动类共识的引导

在参与者就策略及方案达成一致后，共创引导者还需要继续推进其对后续行动的共识。若参与者未就行动分工达成共识，某些组织会出现大家对方案都认可，但是执行过程却很低效的状况。行动类共识是助推共创成果落地的重要环节。在实际操作过程中，行动类共识主要包括对时间安排、具体分工及责任人、资源协调、评估标准等的共识。共创引导者可以适当参考以下流程，对行动计划（见表 8-8）形成共识。

表 8-8 行动计划示例

××× 行动计划						
策略	关键行动步骤	阶段成果	截止时间	整合资源	风险/挑战	负责人

（1）就关键步骤、关键输出物、时间节点、资源及风险达成共识。

- 关键步骤：当存在一些落实有难度的策略时，建议先引导参与者对策略落地的关键步骤进行厘清。这种方式的优势在于，既降低了负责人对策略实施的担忧，也能够让参与者明确关键的实施步骤，这将有助于参与者清楚地了解后续具体需要做什么，以便更好地协作（这时不谈负责人是因为负责人需要到最后才能确定）。
- 关键输出物：初步明确关键步骤后，相应的输出物，如某个新产品、设计方案或某些数据报表等，也就能够被确定下来，这有利于评估阶段性实施成果。
- 时间节点：在推进实施的时间把控上，我们建议采用每个策略实施步骤的起止时间，而非只关注截止时间。在行动的时候，我们发现参与者可能存在"落地拖延"，往往在最后一刻才会安排实施。起止时间的制定更能明确开始和结束的时间规划，也是参与者推进落地的关键。
- 资源及风险：对资源及风险的讨论是对实施难度进行分析，初步厘清所需的资源以及可能的风险点，有助于后续责任分工共识的形成。

（2）就执行者、协作者、验收者达成共识。

当我们通过上述的引导支持参与者明确了策略—步骤—输出—时间后，就要思考谁来做的问题。在这个环节中，我们要引导参与者采取以下动作达成共识。

- 圈定相关者："哪些人与这个策略是相关或紧密相关的？"
- 厘清角色清单：主要的角色包括责任者、执行者、协作者、验收者。责任者主要对实施效果负责，把控实施管理，只有一个人。执行者支持责任者落实相关步骤，可以有多个人，可能与责任者是同一人，也可能是其他人。协作者也叫支持者，在某些环节提供相关行为或资源的支持。验收者是对成果进行确认的人。

（3）就负责人达成共识，再由负责人与执行者、协作者等对话，对整体的行动计划进行回顾确认。

为什么要将负责人放在最后？我们经过多年的实践、观察发现，如果首先确定负责人，大家无法看清楚这个策略或方案是怎么落地的，会对未来的行动产生一些迟疑和担忧，愿意主动担当的人会更少。同时，部分参与者可能出现"担子没有落在我头上，我可以轻松点"的想法，影响其对行动共识研讨的参与性。此外，由于负责人的选择将直接影响结果成败，在输出相关行动计划后再确定负责人，往往更容易匹配到最合适的人选。

本章核心内容

1. **达成共识的五个阶段**
    了解—理解—接受—认同—拥护。
2. **影响共识达成的两个主要因素**
    人际矛盾和决策顾虑。
3. **通过共识引导突破人际矛盾的五步法**
    暂停对话—回顾当下—分享感受—转向聚焦—重新推进。
4. **通过四类共识处理决策差异**
    议题类共识、信息类共识、理解类共识及行动类共识。
5. **议题类共识引导的步骤**
    整合联结—评估议题—并行讨论。

6. 信息类共识引导的常用工具

矩阵图、思维导图、流程图、亲和图。

7. 理解类共识达成的方式

（1）对原因、关键点、影响要素等进行分析，并锁定关键原因或关键点。

（2）对目标、策略、方案等进行分析，并进行策略共识。

8. 四种共识策略

融合决策法、关键人决策法、投票决策法、标准决策法。

9. 行动类共识的三要素

（1）就关键步骤、关键输出物、时间节点、资源及风险达成共识。

（2）就执行者、协作者、验收者达成共识。

（3）就负责人达成共识，再由负责人与执行者、协作者等对话，对整体的行动计划进行回顾确认。

04

第四部分

共创对话的重要实践

第九章

共创对话助力战略落地

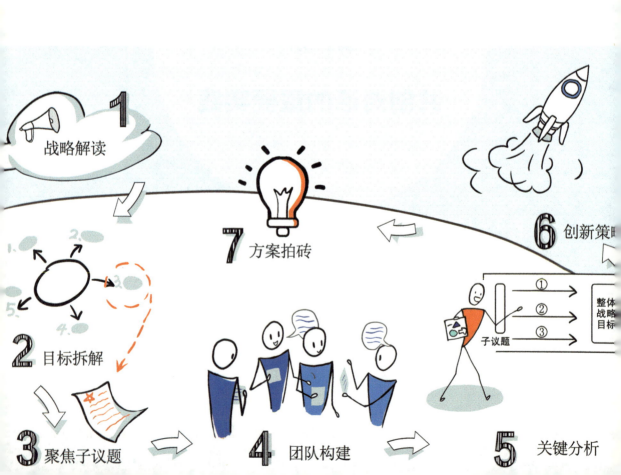

战略能否落地对一个企业来讲至关重要。战略落地的关键是要在各级管理层形成共识，深入员工思维，进而转化成具体的行动。现实情况是，企业在战略落地过程中总会遇到各种挑战，常见的挑战如下。

（1）战略制定过程敷衍：某些公司的战略计划先由各部门独立提交，然后统一汇总，过程缺乏对战略的深度探讨和共识，甚至出现应付式战略提案。

（2）战略传达路径低效：以传统年会或者宣讲会形式进行战略规划传达，中层和基层员工不能深入理解，制定的推进计划容易偏离战略目标。

（3）战略目标转化失效：制定了看似明确的战略目标和战略方案，但实施过程中出于各种原因将其束之高阁；或者在方案落地过程中监管不到位，使部分环节出现衔接不畅导致的"三不管"地带等，导致目标落地转化困难重重。

（4）战略分析复盘缺失：组织内部经验共享程度低，没有定期进行战略分析、回顾和纠偏的行动，也没有定期复盘的机制，部门间壁垒森严，这导致相同的失误不断重复，落地执行举步维艰。

对于这些企业战略落地时常见的挑战，共创对话提供了行之有效的解决方案，可以以战略落地工作坊的形式，从以下几个方面（见图9-1）帮助企业更好地应对挑战。

（1）共识达成：帮助中坚管理团队（中层和一线管理者）认同公司战略目标，理解战略意图和打法。中坚管理团队是战略落地的主心骨，需要有清晰的战略全局观和明确的战略逻辑，才能确保各部门工作协同统一，朝着公司既定的方向前进。在战略落地过程中，组织一定要注意这个群体的共识参与，避免出现"这是上面想出来的，为什么这么做我们不知道，要做成什么样我们也不知道"，不知道自己的工作价值与企业战略落地之间的关系的现象。

图 9-1　战略落地工作坊的三大价值

（2）提振信心：新战略往往意味着环境、人事或组织关系的变化，容易让管理团队成员，特别是认为存在不确定性的成员，产生不安和迷茫。公司要特别注意避免战略调整引发过度观望情绪或悲观情绪，从而对整体氛围产生不良影响的现象发生。战略落地研讨可以帮助中坚管理团队进一步理解战略意图，鼓励他们在战略调整中承担更大责任，坚定大家对公司发展的信心。

（3）协作担当：突破部门间协作壁垒，建立并肩作战的氛围。部门往往会因关注考核指标是否达成，忽略与其他部门指标的联动，从而导致工作重复或者矛盾重重。战略落地研讨可以帮助公司梳理战略主线，建立多方协作模式，合并重复建设项目，进而最大化公司战略利益。

总而言之，企业需要各级管理层对战略目标高度认同，对战略逻辑充分理解，对战略行动清楚领会，最终实现"一张图、一条心、一场仗"的局面。

在具体的企业场景中，共创对话是如何帮助企业推进战略共识和战略落地的？来看我们在 A 公司的实操案例。

◎ 案例

【背景】 A公司是国内大型的金属板材生产企业，但近年来受全球经济疲软影响，金属加工需求明显降低，A公司订单缩减，产能过剩，多条生产线停工，公司的利润急剧下降，出现亏损。同时，由于公司内部正在进行高层更迭和组织结构调整，团队的凝聚力和执行力也大受影响。

2018年底，为了重振业务，公司制定了2019年度战略方案并在内部进行落地实施。但一段时间过后，却发现因为员工对战略目标、业务目标的认同度不高，这导致制定的各项战略落地方案都在不同程度上被束之高阁。

【需求】 希望形成公司各层面的战略共识，输出高度可执行的计划，确保公司业务目标达成；同时，提振员工士气，增强团队的凝聚力和战斗力。

【解决方案】 共创对话——"战略落地工作坊"。

工作坊前期准备：

首先，了解员工思想。我们对A公司核心团队进行了战略理解的摸底调查和抽样访谈，掌握了A公司核心团队的思想状态。他们对公司战略方向的理解不清晰，对战略调整缺乏信心，对战略落地很迷茫，存在"战略是老板的战略，与我无关"等思想。

其次，掌握共创重点。我们和A公司总裁赵总进行了多轮探讨，对战略落地工作坊的核心意义和产出进行定调：第一，确保核心经营团队充分理解战略意图和战略重点；第二，支持经营团队输出战略落地的思路；第三，提振经营团队的信心。

工作坊正式启动：

2019年4月初，A公司正式启动由公司中高层管理者、各大区销售经理、技术骨干等共同参与的战略落地工作坊。

针对 A 公司的具体情况，我们摈弃了传统的多位领导轮番上阵、汇报部门规划的会议惯例，导入共创对话模式，分为战略解读—目标拆解—聚焦子议题—团队构建—关键分析—创新策略—方案拍砖等几个模块。

战略解读

战略发布：工作坊开始时，我们邀请 A 公司总裁赵总用 30 分钟时间向现场所有参与者适度解读 2019 年的战略——"1 主 2 力"，即主抓大客户市场，提升产品力和生产力，战略目标是扭亏为盈，实现 3000 万元利润。

为进一步明晰赵总所讲的战略，我们引导现场的参与者开展第一轮深度对话。对话以发问技术切入，主要内容包括以下几点。

（1）外部市场环境发生了哪些变化，促使我们进行战略调整？即战略调整的背景。

（2）调整后的战略目标是什么？即战略目标构成。

（3）战略落地后可能会对行业、客户、公司和自身带来什么变化？即战略的意义。

辅助工具：战略落地讨论画布（见图 9-2）。我们鼓励所有参与者开放、无限制地展开讨论，并把核心观点写在告示贴上，再粘贴到讨论画布的相应区域中。

澄清误区：对于一些有争议的关键问题，比如"为什么要将战略目标定为实现 3000 万元利润，而不是用销售额来衡量""产品力和生产力有什么不一样"等，我们邀请赵总在现场进行了进一步的解读澄清，切实扫清了大家战略理解上的误区。

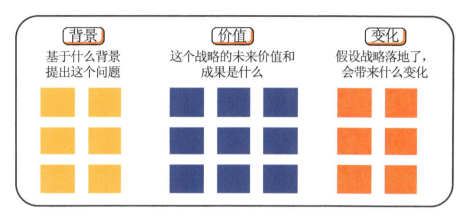

图 9-2　战略落地讨论画布

嵌入思想：在第一轮深度会谈后，现场进行"战略解读比拼"三分钟演讲，抽样挑选参与者上台，声情并茂地陈述自己对战略的理解和感悟。这个环节能助推参与者加深对战略的理解和对战略目标的认知，达到将战略嵌入思想，转化为行动的目的。

目标拆解

在现场参与者充分解读并明确了战略之后，我们开始引导参与者对战略目标进行拆解。

拆解思路：将"实现利润总额 3000 万元"（1 级目标）的年度目标，先拆解成产、销、研三大业务板块目标（2 级目标），之后再进一步向下拆解，得到部门目标（3 级目标）。

拆解方法：第一步，引导参与者进行市场、销售板块的目标拆解。我们提出的问题是"3000 万元利润的关键支持指标有哪些？"现场得到的答案是销售额和毛利率。再进一步对销售额、毛利率进行拆解，得到影响销售额的关键指标客单价、新大客户数、渠道数、中标率等。影响客单价的指标有产品品类、产品质量、产品价格等。影响毛利率的指标是营销费用、产品成本等。让参与者尽可能大而全地列出关联指标。第二步，引导参与者进行指标的重要度和关联度分析，从而聚焦关键指标。比如，影响客单价的关键指标是产品品类、产品价格（见图9-3）。第三步，引导参与者对这些关键指标进行量化——要将这些指标做到什么程度才能支持3000万元利润？比如通过深耕客户将客单价整体提高30%。要提高30%的客单价，不能只依靠增长乏力的单一产品，因此需要开发更多满足客户需求的新品。

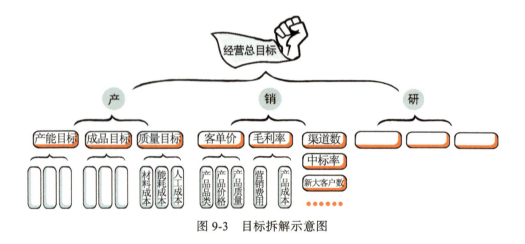

图9-3　目标拆解示意图

聚焦子议题

当完成战略目标拆解后，我们引导现场的参与者站在整个公司的角度分析市场竞争或客户需求的关键点，提出影响公司2019年战略目标达成的关键子议题。

我们用发问技术引导大家思考和展开研讨："为了实现年度利润总额3000万元，企业未来1~2年的突破关键点是什么？比如改善公司的内部运营效率，产品快速迭代。"现场参与者提出了很多想法，如"提高××

产品的市占率""针对厨具行业的客户研发定制化产品""进入箱包类消费品市场""降低机加工成本"等。

在充分激发了大家的智慧和想法之后，我们进一步引导参与者收敛聚焦核心，并梳理想法之间的逻辑关系，最终形成七大战略子议题（见图 9-4）。

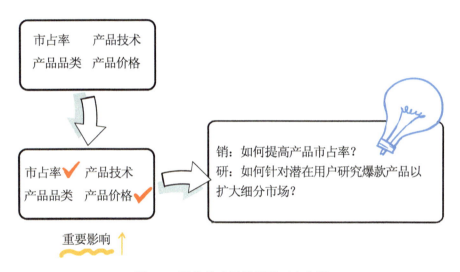

图 9-4　聚焦战略子议题的三个步骤

团队构建

针对大家经过研讨初步形成的这些子议题，我们提出追问："如果这些议题都能够落地并取得相应的成果，3000 万的利润目标能否（大概率）实现？"在得到肯定回答后，我们进入了下一个环节——帮助参与者突破部门协同壁垒，实现战略子议题的落地，即团队构建。

我们带领大家现场组建了七个落地小组，邀请所有参与者根据与各子议题的相关程度加入小组，并确定了小组组长、各细分项执行负责人、成员以及协同支持者。小组组长一般由分管该方向的副总裁担任，细分项执行负责人由相关部门经理担任。其中"如何针对厨具行业的客户研发定制化产品以进入新的细分市场""如何降低机加工成本"这两个议题涉及面比较广，现场专门组建了跨部门的落地虚拟小组，A公司总裁赵总还亲自担任了"如何降低机加工成本"议题落地小组的组长（见图9-5）。

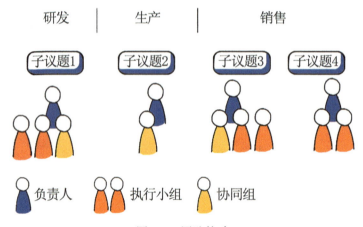

图9-5　团队构建

关键分析

在确定了目标、关键子议题和落地小组后，我们通过如下提问引导参与者对子议题涉及的现状进行了深度、系统的思考分析：

"为了实现子议题的目标，我们的优势是什么？哪些障碍是我们需要克服的？"

"我们适合对标哪些企业？跟他们对比，我们有哪些关键差距？"

要找到这些问题的真正答案，光凭现场的讨论肯定是不够的。因此各组在已有经验和数据的基础上,输出了详细的调研清单,并在工作坊之后依据清单进行了深入调研,根据调研结果对原来的讨论结果进行了修正。最终,通过关键分析这一步,各小组不仅都找到了子议题的关键突破点,也逐步明确了子议题的价值,以及哪些指标或数据的变化(如市场占有率等)能够证明目标的达成(见图9-6)。

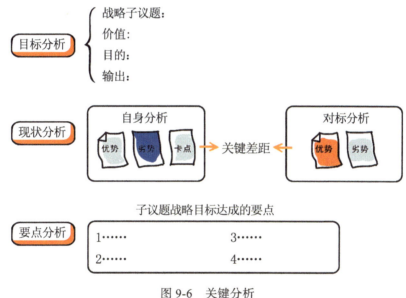

图 9-6　关键分析

创新策略

策略引导:在明确了关键点后,我们引导参与者围绕"为了实现目标,结合切入点以及现状差距,有哪些可行策略"进行了对话研讨。随后我们发现,大家基本都是在分享原有的经验做法,并没有提出具有创新性的策略。如针对"如何进行渠道建设,提高渠道销售额"这一议题,参与者抛出了"加强对渠道的激励""优化渠道结构""多给渠道做培训"等常规提案,其中大部分方案以前早已尝试落实。

创新引导：面对这种情况，我们邀请参与者站在用户、外部合作方的视角来看待问题，对策略进行优化。为了打开大家的思路，我们现场播放了近期对几位关键客户及主要经销商的访谈录音。随后，参与者开始陆续提出"引入新的互联网传播模式"和"引入利润分享机制，激励老用户帮助传播"等比较新颖的策略。

最后，各组通过对策略进行效果和可行性分析评估，就小组行动方案达成了共识（见图9-7）。

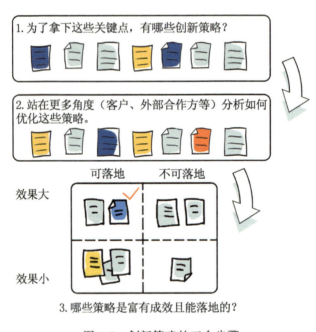

图9-7 创新策略的三个步骤

方案拍砖

在每个战略子议题的落地框架具备一定雏形后，我们邀请公司经营管理委员会成员和各业务线负责人组成"拍砖团"，对每个子议题的框架性方案进行点评指导，帮助各小组发现思维盲区，看到方案的缺陷、问题，并获得更精准的对策。之后，各议题小组继续完善战略落地方案，并输出具体的落地计划（包含实施甘特图、分模块计划）等（见图9-8）。

至此，该公司2019年战略才真正进入落地实施阶段，一场基于战略落地的共创对话圆满结束。

序号	计划名称	开始日期	结束日期	历时（天）	1	2	3	4	5	6	7	8	9	10	11	12	13	14	15	16
1		1月1日	1月6日	6																
2		1月3日	1月10日	8																
3		1月4日	1月14日	11																
4		1月14日	1月16日	3																
5																				
6																				

图9-8　落地计划示意图

工作坊结束三个月之后，我们又去A公司专门拜访了赵总，了解战略落地方案的执行情况。赵总欣喜地表示：工作坊结束后，几个课题小组都对方案进行了优化和迭代，目前七个课题方案大多顺利落地，方案实施成效比较显著。从公司的业绩来看，亏损显著降低，预计到第三季度能够扭亏为盈。同时，在课题落地推进的过程中，公司各部门之间的协作得到了明显改善，原先的隔阂减少了很多，团队的凝聚力、员工的精气神也都提升了。此外，还有一个之前没有意料到的收益——人才年轻化。赵总说，通过战略落地工作坊，他发现了一批之前没有留意到的有激情、有担当、有想法的年轻人。现在，他大胆启用年轻人，让他们有更多空间发挥，为公司未来的经营班子进行人才储备，这给企业带来了很多创新和活力，实现了以战代训的培养效果。

小结：共创对话操作重点

从 A 公司的案例中我们可以发现，共创对话能有效协助企业进行战略落地，在解读战略要点、建立关键团队信心、共创落地方案方面起到了显著的作用（关键团队包括但不局限于中坚管理团队，还可以有技术专家、关键业务人才等）。

在战略落地工作坊的实操中，要做好"战略解读—目标拆解—聚焦子议题—团队构建—关键分析—创新策略—方案拍砖"这七个通用步骤，确保有效对话，共创输出落地方案。

战略解读

在本阶段，共创引导者的主要任务是支持参与者理解战略逻辑及战略对公司的意义，厘清参与者的相关困惑。

战略仅仅依靠讲解是很难传达到位的，共创引导者需要让参与者参与到战略逻辑的分析研讨中，在研讨中鼓励参与者说出困惑或顾虑，邀请相关方支持参与者厘清困惑、消除隐忧。每位参与者是否都能够向内部团队成员、客户以及合作方有信心、有逻辑地讲解公司战略，是战略解读到位与否的最佳验证方式。如此这般，便能实现战略的传达和带动。

目标拆解

在本阶段，共创引导者的主要任务是支持参与者在理解战略的基础上进行目标拆解。

在拆解过程中评估目标时，通常需要遵循 SMART 原则（见图 9-9）。

（1）目标必须是具体的（Specific）。

（2）目标必须是可衡量的（Measurable）。

（3）目标必须是可以达到的（Attainable）。

（4）目标必须和其他目标具有相关性（Relevant）。

（5）目标必须具有明确的期限（Time-based）。

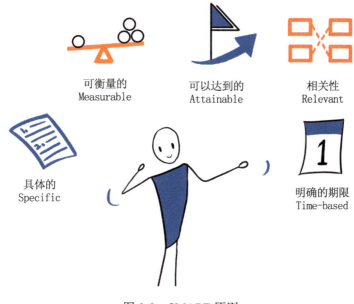

图 9-9　SMART 原则

在进行目标拆解之前，管理者对战略方向的思考和目标分享可以帮助参与者更全面地理解公司战略。分享结束后进行一轮深度对话，将有助于参与者更加精准地解读要点。

正式拆解时，1级目标的输出和确定通常不会遇到什么阻力，而2、3级目标因为涉及参与者核心利益，可能会遭遇利益博弈：有人为了使自己的目标容易达成而希望下调目标；有人参考去年的情况，认为目标没法完成；有人觉得部分团队背负的目标难度比本部门小。所以共创引导者需要发挥控场能力,辅助管理层宣贯一些目标制定的原则,或启发参与者进行思考:"目标是衡量结果达成情况的指标数据""基于未来的战略落地拆解目标,而不仅仅是基于过去一年的结果进行微调""在未来市场对手的倒逼下进行目标值估算""子目标值对总目标的完成有何影响"。

在完成目标拆解后,可以使用目标树法(见图9-10)将研讨结果呈现出来,更好地体现总目标与子目标、各子目标之间的关系。

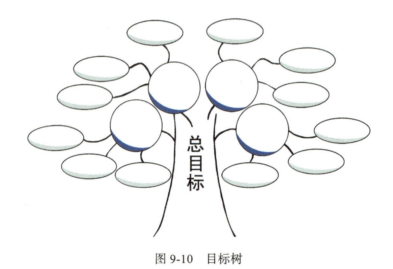

图 9-10 目标树

聚焦子议题

在本阶段,共创引导者的主要任务是支持参与者分析和锁定战略目标实现过程中的关键点,形成关键战略子议题。

当参与者充分讨论后,会产生各种不同的想法,共创引导者需要控制全场,让大家聚焦关键核心,并梳理其中的逻辑关系,将其转化为战略子议题。当参与者提出战略子议题后,共创引导者需要进一步追问:"如果这些子议题都能够落地并取得相应的结果,公司战略目标能否实现?"如果无法实现战略目标，则还需要参与者重新解构和探讨战略落地的关键点，并再次聚焦子议题，直至得到肯定答案。若多次聚焦依然无法完成，决策层需要重新考虑战略目标的合理性。

团队构建

在本阶段，共创引导者的主要任务是支持参与者打破部门视角，突破边界，站在企业战略落地的角度思考，以战略子议题为中心组建战略落地小组，推进战略子议题的研讨和落地。

在输出落地策略和行动之前进行团队构建的核心价值在于：邀请战略子议题相关方进行探讨，避免部门内部自行摸索，实现状态、思维的充分打开、联结和更多突破。此外，团队构建能让核心经营团队看见自己在整个企业战略中的位置和意义。当战略落地小组建成时，参与者会感到自己被需要，会知道自己在支持哪些关键子议题，这更能提高个人的担当和价值感，提高个人的驱动力；同时，也能更加了解其他人在为哪些子议题努力，彼此之间会形成一种团队凝聚力和价值感。

关键分析

在本阶段，共创引导者的主要任务是引导大家看到子议题和整体战略目标之间的关联，支持参与者明确子议题价值。

在进行现状分析时，需要找到关键数字，并进行市场对标分析，找到核心差距。需要注意的是，此时的分析是粗放的，细致的调研应该在工作坊后进行。调研完成后，共创引导者可以继续发问，进一步加深大家的理解："为了实现子议题的目标，落地要把握哪些关键要点？这些关键要点之间存在着怎样的逻辑关系？突破这些要点后，这个战略子议题的目标就能实现吗？"这个环节的要点分析结果即是战略子议题的落地切入点。

创新策略

在本阶段，共创引导者的主要任务是支持参与者输出战略子议题的核心要点，进行具体策略的延展。

共创引导者可以运用团队共创法，通过发问启发参与者。在参与者充分输出了多元化的策略后，共创引导者可以引导参与者用效果—可行性评估矩阵对提出的策略进行筛选，最后输出能落地的创新策略。这个环节也可能会得到一些创新性不高，但过往被遗漏了的实用策略，共创引导者需要帮助参与者对它们进行梳理并积极吸收。

方案拍砖

在本阶段，共创引导者的主要任务是支持参与者通过多维度的深度对话，继续打磨策略，直至获得输出效果、成本和效率均比较合适的落地方案。

在具体操作上，首先，各战略落地小组对所负责战略子议题的价值、目标、输出成果、关键点和策略等进行系统梳理，形成战略主题落地方案，以 PPT 或 Excel 等形式呈现。其次，邀请公司高层或业务方相关领导组成拍砖团，站在全局视角听取每个框架性方案。共创引导者需要将每个主题落地方案的汇报时间控制在 15 分钟内，因为超过这个时长的汇报往往不够聚焦、不易点评打磨，且落地风险较高。

其次，共创引导者鼓励拍砖团对该子议题进行拍砖和点赞，这个环节可使用的典型工具是发问技术中的"战略五问"。

（1）站在市场或客户角度看待这些战略子议题，它们符合市场或客户的核心需要吗？

（2）这个战略子议题对总体战略目标落地有多重要？

（3）战略落地方案中，战略子议题—落地小组—关键目标—关键差距—关键要点—关键策略的系统逻辑需要如何优化？

（4）在落地过程中，可能会遇到外部的哪些新情况或新变化？

（5）为了实现目标，需要做哪些方面的投入，整合哪些资源？

"战略五问"可以作为拍砖打磨过程的参考方向，以帮助战略落地小组继续打磨策略，直至得到符合"效果、成本和效率平衡"要求的落地方案，并输出具体的落地计划，如实施甘特图、分模块计划以及考核激励措施等。各战略主题落地方案基本定稿后，就进入了战略主题落地方案的发布和推动阶段。

后续：经过上述几个环节之后，在业务导向的文化中，公司职能部门的职责是赋能业务战略落地。因此，业务部门只有在明确业务战略落地方案后，才能更有针对性地获取职能部门的支持。这时，共创引导者可以建议管理层召集财务、IT、人力、文化等相关支持中心的核心成员共同探讨如何帮助业务战略落地（见图9-11）。

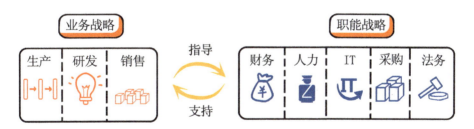

图9-11 职能战略支持业务战略落地

第十章

共创对话实现优本增效

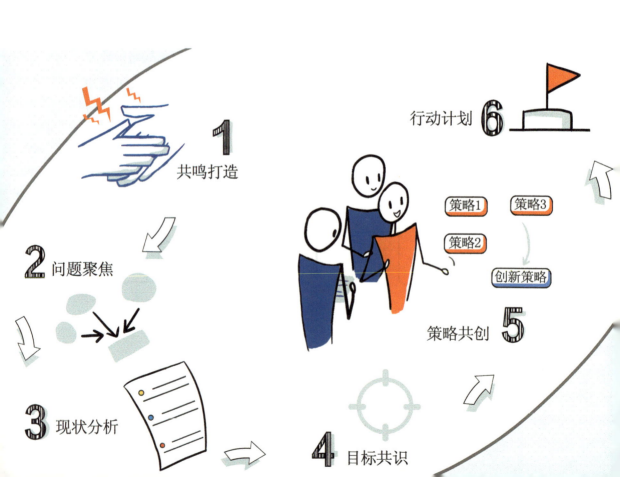

良好的成本控制能力和较高的相对效率是当代企业极为重要的竞争力。对于消费者而言，这通常意味着物美价廉的产品或方便快捷的服务，例如小米手机和京东物流；对于企业而言，它们是利润和生命力的保障。翻开优秀上市企业的财务报表，较低的获客成本和运营费用、较高的利润率、较短的库存周期和较快的配送速度等一系列指标通常是这些企业的亮点。

通常，面对增长放缓的经济大环境和激烈的市场竞争，许多企业会陷入增长乏力、盈利下降的困局，常见情况如下。

- 产品同质化，质量和功能等硬指标难以拉开自己和竞争对手的距离，企业迫不得已，只能打价格战。
- 内部流程烦琐，效率低，企业需要改革，以便快速响应市场或客户的需求变化。
- 现金流匮乏，资金压力大，企业必须快速盘活自身资源。
- 组织机构臃肿，人员冗余，企业急需主动优化以适应转型和变革的需求。

为了打破僵局，优本增效通常被认为是企业的核心战略之一。然而，这项战略的落地通常阻力重重，其根源在于大量员工对"优本增效"的第一直觉是公司要动某些人（包括自己）的奶酪，进而滋生抵触情绪。实际上，优本增效的关键是成本占比结构的分析和优化，它可以紧贴战略落地，有的放矢地控制资源投入，降低资源浪费，而不是简单粗暴地降薪、裁员或削减费用。

需要说明的是，我们这里讲的"优本增效"与大家常听到的"降本增效"是两个概念，二者的关注点不同："优本"的核心是成本的结构性优化，

"降本"则会让人把注意力放在"节约成本"这个单一的手段上。举个例子，某公司对 A 产品的成本结构进行分析，发现该产品的物流配送成本相比竞品要高得多，公司在通过一系列降本措施实现了物流配送成本的降低的同时，又通过分析测算，用这部分节省出的成本投资了一个"智慧物流"项目，以更为智能的方式提高整体效率。因此，优本增效更关注资源的 ROI（投资回报率），而降本只是优本的一部分。

下面，我们以 A 汽车公司为例，看看如何用共创引导的方式帮助该企业进行优本增效。

◎ **案例**

【背景】随着经济大环境变化及汽车行业竞争的加剧，整车厂商的利润不断下滑，成本竞争力已然成为行业内企业关注的重点。为了保证企业盈利水平，同时提高产品在市场上的成本竞争力，各车企都非常关注产品成本结构的优化，把优本增效战略列为企业的常态重点工作来抓。

2018 年底，A 汽车公司为了应对市场压力，提升自身竞争力，提出了"2019 年将旗下某品牌某车型的整车生产成本降低 10%"的目标。

【需求】在不影响产品质量和客户体验的情况下，将某品牌某车型的整车生产成本降低 10%。

【解决方案】共创对话——"优本增效工作坊"（见图 10-1）。

首先，确定参与对象。"找对人"是优本增效工作坊如愿达成目标的关键，如果不能精准找出参与者，目标不仅会失去应有的效用，在落地过程中也可能出现推诿扯皮的问题。我们通过与 A 汽车公司高管的深度交流和多维度剖析，最终确定参与者主要为研发部、制造部、采购部、财务部、人力资源部、市场部的相关人员。

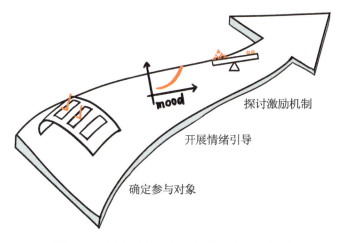

图 10-1　优本增效工作坊前期准备的三步法

其次，开展情绪引导。优本增效工作坊必须破除大家固有的、被"动奶酪"的狭隘思想，否则若参与者不能全情投入，工作坊的效果便会打折扣。为此，在工作坊开始前，我们通过与参与者进行有针对性的沟通，对他们进行疏导，消除了大家不必要的担忧。

最后，探讨激励机制。我们和公司高层进行了两次深入访谈，了解了项目的背景和意义，探讨了项目激励机制，并将目标达成的激励大奖定为"所有参与者分享 50 万元现金奖励"，彻底调动起了参与者的热情和智慧。

工作坊正式启动：

一个月后，项目组召开正式的优本增效工作坊启动会，所有计划内的参与者悉数参与。我们通过规划设计，将工作坊主要流程定为六个环节：共鸣打造、问题聚焦、现状分析、目标共识、策略共创和行动计划。

共鸣打造

我们邀请该公司核心管理层分享访谈的内容（即项目的背景、目标及激励机制等），并且向大家传达全体管理层对项目的决心与支持。此外，为有效打开大家的心扉，我们运用了小组会谈的方式，结合参与者关心的话题对大家进行了疏导，纠正了某些错误理解。在现场，我们抛出了一些提前准备好的话题，以引起参与者的共鸣。

（1）听到项目的整体目标后，您的感受是怎样的？
（2）如果项目顺利推进，对您有什么帮助？
（3）要成功挑战这个项目，我们需要有什么样的心态？
（4）项目对您的个人利益有直接影响吗？

在共鸣打造环节中，我们提供了充分的空间让参与者表达想法，根据疑问点的不同类型安排了不同的人解答、反馈。比如，对于战略性、前瞻性的问题，我们邀请高层解答；对于业务性、实操性的问题，我们邀请现场同事互相解答；对于通用性和工作坊本身的问题，由我们作为共创引导者负责解答——总之，做到每一个问题都有反馈，彻底消除疑问。另外，我们还邀请了几位代表分享个人对项目的理解，让大家对项目的深层次含义感同身受。

问题聚焦

在共鸣打造环节结束后，大家迅速调整了情绪状态，以一种积极、理性的状态参与到下一环节——找到优化成本的切入点，我们称之为"问题聚焦"环节。

我们将这个环节分为三个步骤。首先，按照技术研发、生产、质量、采购、财务、人力、市场、销售及行政等领域将参与者分成若干小组。其次，要求参与者仔细阅读企业的经营成本报表，并对报表中的关键数据进行剖析。最后，基于现有的数据和现象，引导现场参与者进行发散性思考，从技术、生产、采购、财务、人力和行政等角度来共同探讨各环节的优化潜力，寻找降低单车成本的可能切入点（见图 10-2）。

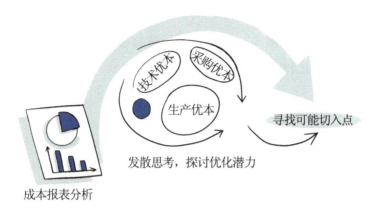

图 10-2 问题聚焦

经过研讨，现场参与者初步找到了各职能关于降低单车成本可以聚焦的潜在切入点，如表 10-1 所示。

表 10-1 影响单车成本的原因初步分析及转化表达

	影响成本的原因	转化表达
技术	委外件返修多	提高委外件质量，降低维修成本
生产	能耗高，产能不足	降低单台能耗
采购	物流成本高	……
财务	融资成本高	多元化融资，降低融资成本
人力	流动性高	……
行政	用车多	……
销售	营销费多	……

在此过程中，我们注意到参与者在表述切入点时，会习惯性地使用负能量的"问题描述"，如"委外件返修多"。因此，我们引导参与者转化表

达，将其转化为"提高委外件质量，降低维修成本"这样的"目标描述"。

在参与者对优本增效的潜在节点进行初步挖掘和分析后，我们鼓励参与者梳理这些切入点，找到彼此之间的逻辑关系，并基于时效性、可行性和可落地性等原则进行聚焦。最终，现场参与者共创出两个可行的优先切入点：人力成本优化和采购成本优化（见图10-3）。

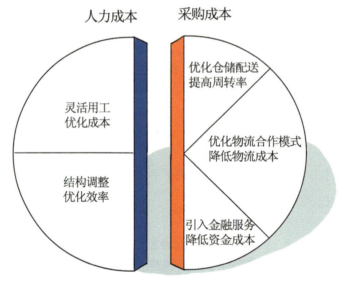

图10-3　优本增效的切入点

接下来，我们引导参与者运用思维脑图进行系统呈现：先找到影响切入点的各种因素，再进一步聚焦到关键点上。在这个项目中，人力成本优化的关键点是灵活用工及人员结构调整，采购降本方案包括优化物流合作模式、优化仓储配送和引入金融服务等。

现状分析

在将人力成本、采购成本优化作为优本增效的方向达成共识后，我们鼓励参与者先进行初步分析，输出调研清单。如针对"灵活用工、优化成本"，参与者提出了以下调研清单，并深入企业的相关部门和生产一线，进行了实事求是的调研，以了解企业在每个点上的现状，找到关键原因和潜在改善点（见表 10-2）。

表 10-2 现状分析的两个步骤

	调研清单	结论（经验、做法、教训）
灵活用工，优化成本	外包用工方式、成本的调研	
	校企合作用工模式的调研	
	政府政策补贴调研	
	管理层长期激励机制调研	

在调研的过程中，部分部门配合度不高，调研小组遭遇了冷落，导致参与者状态受到影响。面对这种情况，项目组及时介入，一方面与被调研部门进行深度沟通，了解其不配合背后的真实原因，并加以引导解决，最终获得支持；另一方面，由共创引导者通过辅导面谈的方式提振参与者的情绪能量，激发他们的积极性。

结合调研得到的信息，我们鼓励参与者进行深度讨论，寻找实现目标可借鉴的经验，同时对潜在资源需求和相关风险进行分析。

目标共识

在目标共识环节，共创引导者通过共创技术鼓励大家对目标进行打磨。以"灵活用工、优化成本"为例。首先我们邀请参与者梳理议题的目标。其次，邀请该企业人力部门的相关人员围绕切入点和核心目标来讲解详细内容。最后，邀请高层管理者（公司分管副总）对议题和目标进行点评和建议。在现场参与者针对目标达成共识后，我们邀请本议题的核心执行者、协同者与现场参与者构建了一个作战小组。

策略共创

组成作战小组，明确了目标之后，我们帮助作战小组打开思维，从不同维度激发智慧，达到策略共创的目的。以"灵活用工、优化成本"这一议题为例，我们从三个不同视角引导参与者产出创新策略，并采用小组内共创、跨组共创的方式带领大家充分打磨和延展这些策略。

首先，邀请每位成员从经验中提取策略，比如，加强一专多长的T型人才培养，降低沟通成本，提高人员效率。其次，通过向竞争对手学习，进行跨行业对标等方式获得一些思路，如保卫/保洁/行政人力外包等。再次，基于跨界整合创新的视角找策略，如借助新金融服务、地方大学生的补贴等（见表10-3）。最后，我们引导参与者从效果预估和落地可行性的角度对所有策略进行评估，最终锁定了三项策略。

表 10-3 策略输出（示例）

	策略	目标
灵活用工，优化成本	培养一专多长的T型人才 降低沟通成本，提高人员效率 保卫/保洁/行政人力外包 借助新金融服务、地方大学生的补贴	单台人工成本下降5% 整体人工成本下降5%

行动计划

我们以保卫/行政编制调整这一策略的行动分工为例。首先，参与者分解出对保卫和行政的业务流程分析、人员盘点、外包合作方选择、外包管理模式建立和外包成本测算等若干个关键的步骤，并明确了每个步骤相应的输出物。例如，外包合作方选择步骤的输出物之一是外包合作方的评估标准等。其次，对可能存在的风险进行了预测（如外包引起的规模化解约），并制定了风险应对措施。最后，明确相关的负责人、合作者和起止时间。

当优本增效的行动计划确定后，项目组邀请了管理层、关键参与者和协同者进行充分论证，经公司决策后进入实施阶段。我们鼓励参与者在后期进行小范围的试点后再进行推广复制。

小结：优本增效工作坊共创引导者操作重点

一般情况下，共创引导者要邀请中层、一线管理团队和技术团队参与优本增效的共创会，通过"共鸣打造—问题聚焦—现状分析—目标共识—策略共创—行动计划"六个共创步骤协同各团队创新思考，解决问题。

共鸣打造

共创引导者需要先关注参与者是否存在麻木甚至抵触情绪。如果答案是肯定的，则需要对参与者进行群体氛围干预，帮助他们更客观地理解项目，以一种放松的心态参与共创。

在项目启动前，共创引导者也需要对管理层进行访谈，了解项目背景和需求，探讨项目激励机制，确保项目正常、有效运行。

特别值得注意的是，在项目进行时，需坦诚公开，避免项目运作地悄无声息，引发不必要的诸多猜忌。

问题聚焦

优本增效在不同业务线上有不同的切入点，为了帮助参与者厘清数据，共创引导者可以提供以下支持。

（1）基础信息准备：项目组需要在前期整理和打印关键数据，邀请管理层和财务人员做基本面分析，以供参与者快速理解数据。

（2）核心问题引导：共创引导者需要帮助参与者打开思维，启发智慧，使用发问技术，设计一些有针对性的关键问题，比如"对技术、工艺、采购、财务、人力、行政、销售等业务模块的关键数据进行分析，哪些方面优于竞争对手，哪些方面存在优化空间？这些节点对公司整体的成本有多大影响？"这个环节会涉及大量的信息处理和观点输出，建议共创引导者鼓励参与者在告示贴上记录和输出要点。

（3）能量状态引导：共创引导者需要实时观察现场的能量场，及时引导能量状态。要引导参与者采用积极正向的目标表达，减少负能量的问题表达。例如，"能耗高"是典型的问题描述，而"降低单台能耗"则是正向的目标描述。

当参与者对优本增效的潜在节点进行了初步的挖掘和分析后，共创引导者应鼓励他们对这些切入点的逻辑关系进行梳理，基于时效性、可行性等原则进行聚焦，并运用思维脑图的方式进行系统呈现。

现状分析

切入点代表优本增效的方向，当参与者就方向达成共识后，共创引导者需要带领参与者梳理每个切入点的现状，找到关键原因和潜在改善点。现状分析的核心原则是实事求是，关键动作包括分析和调研。

在现状分析环节，共创引导者应首先鼓励参与者进行初步分析，输出调研清单。其次，深入企业的相关部门和生产一线进行调研。最后，结合调研得到的信息，共创引导者会鼓励参与者进行深度讨论。现状分析可以让参与者更有信心、更有参与感地推进项目。

目标共识

在目标共识环节,要将现状分析的结果转化成大家共识的目标。共创引导者需要引导参与者探讨该目标是否与成本和效率相关,是否清晰可衡量,是否合理但具有挑战性。

为帮助参与者有效共创、快速共识,共创引导者可以进一步参与其中,鼓励大家对目标进行打磨。首先,邀请参与者梳理出"议题—目标图"。其次,邀请相关负责人进行讲解,讲解过程应围绕三个要素展开,即切入方向、潜在要点和核心目标。最后,邀请管理者或其他参与者对该议题和目标进行点评和建议。在参与者就目标达成共识后,共创引导者要明确参与本议题的核心执行者和协同者,构建一个作战小组。

策略共创

在人心定、问题明、现状清、目标齐和团队全的情况下,可以进入策略共创环节。在这个环节,共创引导者需要鼓励参与者根据现状分析的结论进一步深入共创,产出创新策略。

为了帮助参与者打开思维,共创引导者可以邀请每位成员从经验中提取策略,挖掘曾经被证明有效的方案;也可以通过向竞争对手学习,进行跨行业对标等方式获得一些思路;或者考虑借助合作资源或国家/地方政策。

策略共创是至关重要的环节,可以考虑通过先组内共创、再跨组共创的方式,对策略进行充分打磨和延展,并鼓励参与者结合盈利矩阵,从效果预估和落地可行性的角度进行全面策略决策。

行动计划

策略决策初步敲定后可以进行快速试点,并在具体落实行动前做好推演。首先，可以将行动分解成若干个关键的步骤，每个步骤都需要有相应的输出。其次，每个步骤可能存在的风险是需要预判与提前制定应对措施的。再次，明确相关的负责人、合作者和起止时间。在优本增效的行动计划经过推演和试点后，管理层、关键参与者和协同者需要再对其进行充分论证和纠偏，最后经公司决策，正式进入实施阶段。

第十一章

共创对话加强复盘推进

复盘分为中期复盘和终期复盘两种，人们通常理解的复盘一般为终期复盘。但本章着重以中期复盘为例，因为它是项目本身的一个环节，对项目的实施具有举足轻重的作用。共创对话在中期复盘中的应用被称为中期复盘推进工作坊。

中期复盘推进工作坊包含复盘和推进两个相辅相成的维度。复盘不是简单的工作总结，而是一套系统的检查反思、提炼经验的技术。推进也不是简单的安排后续任务，而是在复盘基础上激发参与者对行动结果的积极想象，共创下一阶段行动的路径设计，促使参与者自动、自发地实施行动。

通常来说，一旦项目或者项目团队出现以下情形，企业就需要通过"复盘推进会"来推进项目进度，提升项目完成质量。

- 项目节点失控：进度管控混乱，项目团队无法按既定时间节点交付结果。
- 目标偏离轨道：团队缺乏目标感，方向出现偏差。
- 项目出现异常：项目团队需要对原有的策略和计划进行调整。
- 关键瓶颈卡壳：实施过程中项目团队遇到了种种障碍，难以突破。
- 人员心态偏离：出现问题时，项目团队选择逃避或掩盖。
- 团队协作失衡：团队凝聚力差，内部协作出现裂痕。

许多企业会在发现以上问题或核心项目达到特定时间节点时开展复盘推进会。只是，这些会议常常以轮流汇报为主，参会者容易产生应付心态，关于目标优化、问题聚焦和风险预判等的深度对话偏少。这样一来，参会者将错失一次提升项目完成质量的绝佳机会，当然，也无法真正有效地解决问题。

接下来，让我们以 A 服饰品牌公司为例，看看共创对话是如何在中期复盘推进会中发挥作用的。

◎ **案例**

【**背景**】2019 年下半年，某知名服饰品牌公司产能紧张，供应链补货周期较长，同时代理商不愿压货，导致终端货源经常无法满足消费者需求，对公司的品牌声誉和进销存策略均造成了很大影响。

【**需求**】复盘上半年经营状况，推进下半年区域作战方案，进而完成年度目标。

【**解决方案**】共创对话——"中期复盘推进工作坊"。

工作坊前期准备：

我们对各业务链管理层开展了多维度的访谈，结合相关资料，确定了工作坊的主要参与者为大区经理、公司营销条线中高层管理者和物流仓储部相关人员。之后对工作坊进行设计，将共创对话主要流程定为三个环节，即目标迭代、策略优化和行动赋能。

目标迭代

这个环节关注核心目标的阶段性完成情况和下一阶段的必要调整。我们首先邀请每个小组报告关键的目标数据，比如市场占有率、销售额、新客户数、客单价、新增渠道数等，同时采用不同的颜色标记完成度（我们一般用红色代表差距大，绿色代表惊喜）（见表 11-1），参与者可以快速对目标总体完成情况产生第一印象。

表 11-1　目标迭代

	已达标	未达标	迭代目标
市场占有率			
销售额			
新客户数			

在分享过程中，由于有些小组的目标完成度不理想，分享时带有压力，讨论可能会偏离计划轨道。比如，有参与者试图对销售额仅完成了原计划的 40% 这个事实展开细节探讨，提出了很多影响因素——团队不稳定、产品缺乏价格优势、市场环境不乐观等。当我们关注到这个现象后，为了避免背离主题，应及时适度介入，用发问技术开展引导："刚才您提到销售额达成了原计划的 40%，我们想了解一下其他目标的达成情况是怎样的。关于这一现状的成因，我们稍后再探讨。"通过及时介入引导，确保现场所有参与者同步目标进展，进而顺利推进工作坊进度。

在这个环节中，还能产生一个不错的效果，那就是完成度较高的团队将得到认可，而相对落后的团队会开始警醒。

同步目标进展后，我们会通过引导性发问帮助参与者进行目标优化，例如：

- 是否发生了需要改变目标的新情况？哪些目标需要增加、减少或取消？
- 目标优化的依据是什么？改动后的目标是否支持年度总目标的实现？

在本案例中，由于服装行业在 2019 年上半年出现了较大变化，公司对 2019 年战略目标进行调整，增加了"降低 2018 年第四季度库存产品"这一目标，同时调低了 2019 年第一季度新品的销售目标。

在目标优化过程中，难度增加或者激励机制变化可能会导致参与者产生博弈或抗拒心理。原激励机制中未涵盖"清库存",参与者觉得自己在为去年产量控制不佳"背锅",于是出现了消极应对的心理。

此时共创引导者需要进行必要的情绪疏导,比如,用发问技术抛出一个问题:"清库存行动是市场大环境不得已的结果,是当前整个营销团队的共同目标。不行动会给企业和个人带来哪些影响?大家先一起梳理清楚行动的必要性,后续环节再讨论激励措施。"这段话有四层含义:"不得已"说明形势所逼,"共同目标"说明不分彼此、人人有责,"企业和个人影响"是引起大家重视,"讨论激励措施"是告知参与者后续安排。其总体意图是实现焦点转移,帮助部分参与者将"额外负担+无激励"的内心假设转化为"首先要齐心齐力解决困局"。另一个常见状况是部分参与者会趁机降低目标,以便在最终考核中拿到完成度奖励。共创引导者可以进行适度提醒:"目标是严肃的指引,优化调整需要依据,富有挑战是原则,同时要思考调整前后可能带来什么影响。"目标优化后,建议以表格方式呈现,并邀请参与者跳出自身立场,站在公司角度,系统分析调整后的团队目标与全局目标的关系,最终使大家达成共识。

策略优化

策略是为目标服务的一些产品、运营或技术手段,比如新品投放和促销活动等。厘清了目标后,我们需要对原策略计划进行盘点、分析和迭代。

首先,参与者要总结各策略的前期执行情况,一般用落地、延后、取消、新增几种状态对其进行记录。在本案例中,参与者主要讨论了促销完成率、内容营销进展、渠道招商实施情况。我们鼓励参与者进入效果分析(建议用关键指标来表达效果)。例如,"促销活动效果挺好的"可以改为"促销活动中'一城一策'的方式提高了5%的成交率,完成度70%"。同样地,"3000 友情卡换购的促销手段没什么效果"可以转化为"3000 友情卡换购发放触达率只有 20%,使用率不足 10%"(见表 11-2)。在这个环节,参与者也容易对现象进行过多解释,导致跑题。

表 11-2 厘清现状及策略优化过程

策略盘点	进展				效果反思			策略优化
	落地	延后	取消	新增	效果√	效果×	未知?	转化
促销活动效果挺好的	√				√			促销活动中"一城一策"的方式提高了 5% 的成交率,完成度 70%
3000 友情卡换购的促销手段没什么效果	√					×		3000 友情卡换购发放触达率只有 20%,卡使用率不足 10%

其次,当我们对策略进行效果盘点后,共创引导者可以建议大家对前期执行效果进行原因分析,并输出策略优化的建议。比如,对于触达率较低的问题,我们也引导参与者进行了类似的原因和卡点分析,参与者发现触达率低的主要原因是传播渠道过于狭窄和换购卡的使用门槛过高。这个分析结论也明确了相关策略的优化方向:新传播渠道开发和换购卡使用门槛优化。另外,在现实中,许多参与者容易忽视对"效果差异化"的原因分析(即对同一策略在不同区域、人群中的效果不一致的原因分析),而这种分析可以帮助参与者更好地完善策略。比如,与杭州、上海等大城市相比,"一城一策"在华东地区的三线城市效果更好,其主要原因是不同城市的用户结构适合的策略不同。这个分析结论可以支持"一城一策"的策略优化。

再次,我们邀请参与者结合外部环境变化对未来的机会和风险进行了分析。

- 外部因素，如竞争对手的新活动、市场出现的新产品、经济大环境、社会新事件或新思潮、国家政策等。
- 内部因素，可能是公司战略调整、组织架构更新、团队核心成员离职等。

常见的引导发问包括：这些新情况对业绩有何影响？有哪些时事热点可以贴靠？有哪些思潮是需要我们把握的？哪些现象对我们是不利的？

我们鼓励参与者从机会点出发进行思考，输出相关的创新策略，并针对之前分析的要点和风险点来反思上一阶段我们制定的策略，进行优化或者根据新情况来新增策略。在本案例中，我们引导参与者进行了探讨，决定继续保留原来的"一城一策"，而将"3000友情换购活动"优化为"2400送定制版圣诞蛋糕"，新增"101000的活动"。

最后，我们引导参与者对提出的所有策略进行整合，依据策略的效果和可行性进行评估选择，明确下一阶段需要落地的策略（见图11-1）。

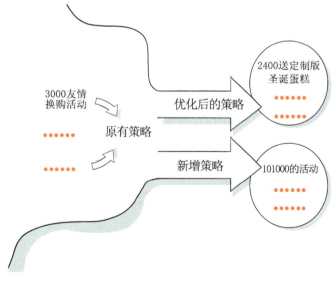

图 11-1 策略优化整合

行动赋能

行动赋能通过"团队反思"和"行动梳理"两个环节保障新策略计划能够被更高效地执行。团队运作流畅度是影响执行效果的关键。团队反思环节支持参与者向内觉察和暴露问题,进而调整认知并提高参与者协同行动的质量,同时为后续的分工优化做铺垫。

在本案例中,我们采用"匿名吐槽法"(见图11-2),邀请参与者将其在此前项目实施过程中对团队的不满或者建议表达出来。为避免这一环节沦为情绪发泄场,我们会提醒大家客观反馈问题。

- 我们团队在哪些方面协同较为顺畅?
- 前期的行动中暴露了哪些协同沟通或分工的问题?
- 在下一阶段,为了实现目标,我们要做哪些方面的行动改变?

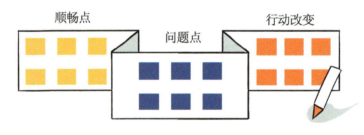

图 11-2 匿名吐槽法

我们首先让大家将想法写下来放在吐槽箱里,并邀请部分参与者当场念出槽点和建议。在此过程中,我们邀请三人成组,分类整合槽点和建议,形成后续阶段可以参考的团队运作提示录。

在团队反思之后,参与者对后续团队运作过程中可能会出现的问题有了心理准备,也提出了建议。

紧接着，我们将邀请大家进行最后一步操作——行动梳理。每位参与者厘清和规划自己后续的关键行动、关键产出和所需支持，并与直属领导进行确认。这个步骤可以确保每位参与者对后续行动和自己的角色有清晰的认识。对于原有的行动计划，我们会引导参与者探讨哪些方面需要优化，哪些环节需要增加或取消，哪些分工需要调整，哪些进程需要调整，哪些资源需要补充。为了更好地达成目标，在本案例中，我们还鼓励参与者进行更多的跨部门协作。以销售中心为例，我们首先协调了市场部和公关部之间的分工合作，然后与物流、财务、人力资源管理等相关职能部门进行了"对齐"（即使行动目标保持一致），输出了一套较为完善的跨部门行动计划（见表 11-3）。

表 11-3 跨部门行动计划

计划清单	起止时间	负责人	参与者	资源分配
1……				
2……				
3……				

小结：共创引导者操作重点

复盘推进工作坊建议邀请核心管理成员、核心支持者和必要外部合作方参与，分为目标迭代、策略优化和行动赋能三个环节进行。

目标迭代

开场后需要快速同步信息（包括目标完成情况、实施进展、内外部因素等），让参与者快速了解目标的整体关联影响和趋势走向，强化目标感，这有利于调整团队的内在状态，为后续的优化做铺垫。该环节有几个要点：

（1）参与者快速呈现目标推进的关键数据，不必追求面面俱到。

（2）容易出现对未完成目标的纠结和解释，共创引导者需要适度介入，避免偏题。

（3）目标需要基于外部市场环境和企业内部情况进行优化。

（4）参与者容易对目标改动产生抵触和博弈心理，共创引导者需要帮助大家从公司全局利益和激励机制调整等多角度展开思考，以达成共识。

共创引导者需要利用适合的工具帮助参与者梳理和表达调整后的目标，比如以矩阵等结构化的方式表达，并基于公司高层的立场，从全局的角度系统分析新目标，并在小组内部达成共识。

策略优化

这个环节是对打法和实施要点的讨论，通常会花费较多时间，共创引导者需要注意以下三点。

（1）将原策略的完成情况数据化呈现出来（表格、饼图等），参与者的描述语言力求准确，效果分析简明扼要。如果出现参与者过多纠结细节的情况，共创引导者可以通过卡片法支持参与者讨论，并用于要点分析。

（2）要点分析是工作坊的关键，直接关系到下一阶段的实施成功率和目标完成度。共创引导者需要支持参与者输出三类要点：上一阶段策略实施遇到的卡点，内部和外部环境变化孕育的机会点，完成迭代后新目标的风险点。在找到这些要点后，大家需要再次审视它们与目标的逻辑关系，并达成共识，必要时可再次更改部分目标（见图11-3）。

（3）基于目标和要点的分析来优化、增加或减少原来的策略计划。新的机会点通常能够在一定程度上带来目标的提升，共创引导者要鼓励参与者基于机会点输出相关的创新策略。而对于要点和风险点，共创引导者要支持参与者反思前期的行动策略，优化现有策略或提出新的策略，并基于效果和可行性对策略进行筛选，共识出新的策略。

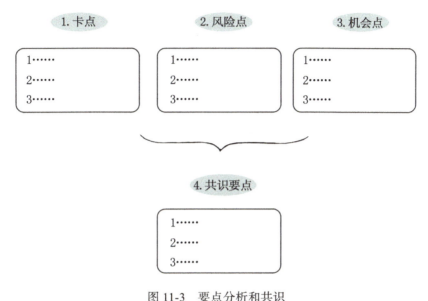

图 11-3　要点分析和共识

行动赋能

在梳理好目标和策略后，复盘推进工作坊来到最后一个重要环节：行动赋能。它对帮助参与者明确自身角色和行动要点具有非常重要的意义，通常分为两个步骤。

（1）团队反思：如果前期目标完成度差，参与者情绪较为低落，这个步骤可以放到"目标迭代"环节，使参与者在认真的反思中调节状态。对于多数正常进行、状态良好的项目，目标和策略优化后的反思可以打开大家的心结，推进行动的加速。在具体操作上，共创引导者可以通过匿名吐槽法等各种形式支持参与者更好地改进团队运作机制。共创引导者通过发问鼓励参与者更为客观地进行反馈，反馈的角度包括沟通运作、过程管理、考核激励机制和团队成员的个人改变等（见图11-4）。

图11-4 团队反思

（2）行动梳理：这是复盘推进工作坊容易忽略的步骤。许多参与者（包括领导层）容易产生一种错觉：大家一起参与了目标和优化的全部过程，所以对自己后续行动的理解清晰明确。然而事实证明，大量的策略存在模糊的执行空间。行动梳理是对后续行动的自我确认和组织关系确认，有助于参与者扫除模糊和困惑，连接策略和目标之间的空隙，使重要节点日期和主要产出责任到人。行动梳理基于目标迭代和策略优化的结果进行，原定行动计划参与者需要深入研讨：策略落地路径上的哪些步骤（特别是衔接部分）需要增加或取消？哪些分工需要调整？需要获取哪些资源？越是清晰、具体的行动计划，越能够反向验证目标和策略的可行性，也越能够促进执行的效率和效果。此外，行动计划也是建立担当与合作，凝聚和共识团队的关键契机。行动梳理还是战前排兵布阵的过程。如果有部门内部的参与者缺席，工作坊后需要与他们进行对齐，保障团队成员不偏离方向，精准后续的策略，更重要的是促进更多的跨部门共识协同。如果时间过于紧张，这个步骤可以简化操作，直接委托主管，由主管在限定日期内（一般1～3天）输出梳理结果，由核心领导层最终确认。

当复盘推进接近尾声时，共创引导者需要支持参与者关注内在感受，运用展望和承诺进行团队鼓舞，强化行动力量。

附录 A

本书中重要的术语

1. 共创对话

共创对话是指"由两人或以上的个人或企业团队,在对话过程中建立平等、开放、积极的对话场域,参与者能同理倾听、客观解读、激活能量及智慧,探索更多创新、共识或行动的群体会谈。共创对话,是一个从"我"到"我们",从"你们"到"我们"的过程,能够激发人的内在正能量,是实现企业的生命单元联结效用最大化的关键途径。

2. 群体动力

群体动力主要关注群体的组织结构、群体决策、合作竞争、领导行为、群体文化、群体情绪、群体信息传递、群体价值观等方面,对群体内部、群体之间的运作影响。群体动力运用在组织变革、战略落地、领导力培养、企业文化建设、制度创新等实践场景中。

3. 共创引导者

在共创对话过程中,通常会有某个人担任本次共创对话的主持人,我们赋予了共创对话的主持人一个角色称谓:共创引导者。不同于普通的主持人,共创引导者能够借助一些方法和技术,促使人们放下身份与偏见，真实地表达情感和观点，让彼此被听见或被看见，最终形成共识乃至行动。

4. 关键会议

讨论影响企业战略落地和企业发展的关键议题的会议，我们将其称为关键会议。

5. 共创对话的四大要素

（1）识别和抓住关键会议场景。
（2）引入或培养一批共创引导者。
（3）构建共创对话的方法论。
（4）打造共创文化，植入共创对话系统。

6. 共创对话的三阶段

阶段一：将关键会议转化为共创工作坊。
阶段二：赋能战略落地的管理者和助推者，培养企业内部共创引导者。
阶段三：打造共创文化以持续培育共创土壤。

7. 打造共创文化的四个方面

定义共创文化，提炼共创方法论，设置共创空间和建设共创机制。

8. 共创引导者需要具备的六项能力

（1）目标力：未来导向，关注对话目的及成果。
（2）逻辑力：能够进行系统的分析，全面理解、灵活调整和引导流程。
（3）呈现力：能够进行快速精准的视觉呈现，启动参与者左右脑的运作。

（4）乐活力：基于事实的积极乐观，而非盲目乐天。

（5）开放力：保持中立开放的状态，悦纳当下。

（6）洞察力：觉察自己及他人的能量变化并进行调整。

9. 共创对话钻石模型

共创对话的基本范式是聚焦议题—激发想法（挖掘想法—梳理想法—联结想法—创新想法）—共识决策，我们将其称为共创对话钻石模型。

10. 场域设计

场域可以是有形或无形的存在。通过场域设计，我们可以建立适合共创对话的氛围，减少参与者的防卫心理，促使参与者坦诚分享、专注倾听和积极回应。场域设计主要从营造高能空间、准备赋能活动及共建对话规则三个方面进行。

11. 共创引导六大步骤

明确需求、构建流程、设计场域、宣传邀请、启动对话、分享推进。

12. 共创对话四大关键技术

发问技术、倾听技术、参与技术及共识技术能够激发共创对话钻石模型的有效运作，是支持参与者产生高品质对话效果的四大关键技术。

13. 过去式发问和未来式发问

过去式发问更关注已经存在的现状、事实，如现象、数据、原因、责任、已造成的后果等。未来式发问基于对未来的思考进行发问，侧重探索未来的影响、关键点、解决方案（策略）、行动等。过去式发问和未来式发问可用于时间维度分析。

14. 发散式发问和收敛式发问

发散式发问的价值在于收集更多想法，运用发散式发问可以激发参与者分享的积极性。发散式发问没有标准答案，只有可能的想法。收敛式发问的主要价值是对想法进行厘清、聚焦、归纳或选择，以明确某个方向或选择某项决策。发散式发问和收敛式发问可用于空间维度分析。

15. 负向式发问和正向式发问

负向式发问主要与使用的词语及表达的情绪有关，在发问时传达负面情绪。多数情况下，负向式发问更容易引发参与者的防备心理，并且伴随着严肃、警醒或消极的能量传达。正向式发问较为温和、中性，通过使用积极的语言进行表达，能使参与者以积极放松的状态参与对话。

16. 组合发问的技巧

MOA 范式：厘清动机和价值，收集信息和分析可行性，促进共识决策和行动。

17. 全然倾听

全然倾听是倾听的高阶状态，指在思维和情感上实现高度同频，抽离了个人的思维和情感，设身处地理解分享者的信息、观点和结论，并快速感知分享者的思维模式和情感模式，最终能够以中立的视角，精准把握分享者的情感和思想，并传达给其他参与者，实现其他参与者的情感同频和思想共振。

18. 情绪引导与思维引导

当参与者处于负面情绪状态中时，会出现情绪卡壳，其关注焦点在情感角度，难以打开身心投入逻辑思维分析。运用参与技术解决参与者情绪状态的问题，即情绪引导。为了避免出现混乱局面，避免因彼此对话、思维不同频而影响最终的研讨成果，运用合适的参与技术解决（对话中出现的）方向不清或思维混乱的问题，我们称之为思维引导。

19. 个体情绪状态引导的原则

尊重、支持。

20. 情绪引导三步法

关注联结—适度介入—推进议程。

21. 共识的达成

共识的达成是指从感性和理性两方面认可阶段性对话成果或最终的共创成果。

22. 共识

共识是一个深度融合的过程，一般分为"了解—理解—接受—认同—拥护"五个阶段。

- 了解：交换了彼此的想法或观点，但仅限于了解想法或观点的字面意思。
- 理解：知道彼此的想法或观点是站在哪个角度输出的，并理解其内在的逻辑关系。
- 接受：在理解的基础上，能够接受某个想法或决策，但在情感上没有产生共鸣。
- 认同：在情感和思维上都认同这个想法或决策，并愿意支持该想法或决策继续推进。

- 拥护：基于认同，能够主动采取积极影响他人的措施去支持该想法或决策落地，如果未能如愿，会出现愤怒、失望等负面情绪。

23. 通过共识引导突破人际矛盾的五步法

暂停对话—回顾当下—分享感受—转向聚焦—重新推进。

附录 B

本书中重要的工具

一、议题类工具

1. 议题墙

议题墙如图 B-1 所示。

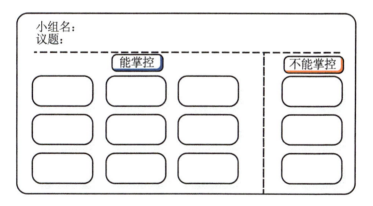

图 B-1　议题墙

场景：当会议出现许多议题时，如何聚焦关键议题？我们在对话的时候，往往会把时间浪费在讨论一些"做不到""虚的话题""无法改变"的议题中。

操作：

（1）将议题在 B5 纸或告示贴上呈现出来。

（2）建立坐标（能掌控，不能掌控）。

（3）请参与者将自己的意见或创意写在便利贴上（一张写一个）。

（4）参与者自行判断自己的便利贴应该贴在议题墙的哪一部分。

（5）把所有想法贴出来后，面向"能掌控"的墙面进行深入探讨。

2. 议题画布

议题画布如图 B-2 所示。

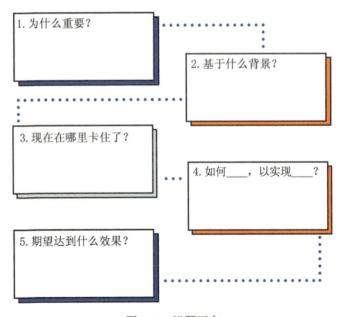

图 B-2　议题画布

场景： 议题画布是一种规避议题及流程跑偏的预防方法。在讨论议题时，设计讨论模块并画出议题画布，供参与者将讨论的关键内容同步记录在画布的相应位置，避免天马行空、跑题偏题。议题画布设计的本质是会谈的框架设计，应避免过度复杂。

操作：

（1）准备一张大白纸或 A3 纸，描画者一边说一边描画该议题，描述的时候关注为什么重要，基于什么背景，现在在哪里卡住了，期望达到什么效果这几个维度。

（2）描画后，让其他参与者向描画者提问。这个环节可以不回答问题，不过如果是厘清信息类的问题，可以适当解释。

（3）最终，用问句的形式表达"议题"：如何_____，以实现_____？

3. 停车场

停车场如图 B-3 所示。

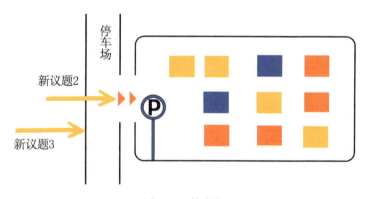

图 B-3　停车场

场景：某些参与者可能会在对话中提出一些与讨论主题无关的意见。为了避免跑题，把这些议题写下来，放入"停车场"。

操作：

（1）在"停车场"海报上留出空白区。

（2）当出现新的议题时，确认该议题与原来的议题无关或关联性较弱。在取得发言者的同意后，将议题暂时放在停车场。

（3）当对话结束时，邀请大家讨论对停车场中的议题的处理方法。

二、目标类工具

1. 目标评估工具——SMART 原则

SMART 原则如图 B-4 所示。

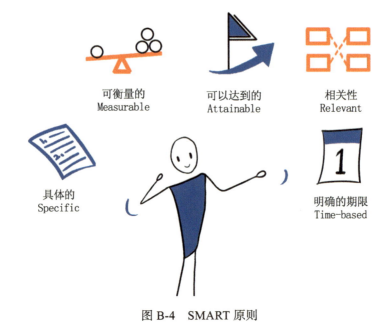

图 B-4　SMART 原则

操作：

（1）目标必须是具体的（Specific）。

(2)目标必须是可衡量的(Measurable)。

(3)目标必须是可以达到的(Attainable)。

(4)目标必须和其他目标具有相关性(Relevant)。

(5)目标必须具有明确的期限(Time-based)。

2. 目标树

目标树如图 B-5 所示。

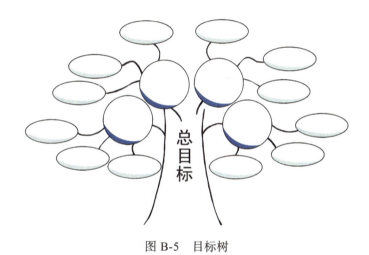

图 B-5　目标树

场景：使用目标树法能够分析总目标与子目标、各子目标之间的关系，如对等关系、从属关系和交叉关系，有利于参与者找到达成目标的最优途径，预见各种可能发生的结果。

操作：

(1)确定总目标，作为树的开始点。

(2)分解各项子目标，若子目标还能进行分解，可继续分解，直至穷尽。

(3)将分解的子目标一级接一级地画出分枝，直到把全部分枝画完。

三、分析类工具

1. 卡片式头脑风暴法

卡片式头脑风暴法如图 B-6 所示。

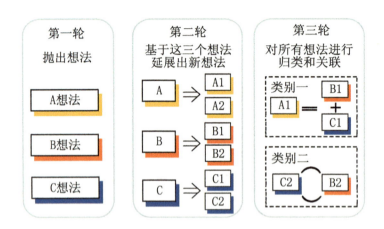

图 B-6　应用卡片式头脑风暴法输出策略

场景：想要收集大家的想法并从中催化出更多的创新想法,希望人人都能参与进来。

操作：

（1）抛出想法,在纸上写出讨论主题,并贴在墙上或放在桌面上。在限定的时间内,将自己的想法写在告示贴上,一张告示贴只写一个想法。

（2）将告示贴贴在墙上,邀请参与者快速解释每个想法。

（3）基于现有的想法延展出新的想法。

（4）按照某个维度或逻辑,对所有的想法进行归类和关联。

（5）将组与组之间的关系厘清。

2. 矩阵图

矩阵图如图 B-7 所示。

	维度 1	维度 2	维度 3	……
类别 1				
类别 2				
类别 3				
……				

图 B-7　矩阵图

场景：基于议题进行多维分析，帮助大家找出成对的因素，并确定关键点。

操作：

（1）结合议题，使用矩阵图来设计信息维度。

（2）使用矩阵图来分析议题，直观反应不同维度的信息，支持参与者进行适度的对比和分析。

3. 思维导图

思维导图如图 B-8 所示。

场景：围绕议题展开更发散的探讨，获取更多信息，使参与者看到信息间的层次关系。

操作：

（1）将纸张横放，从一张白纸的中心位置开始绘制，用一幅图像或图画表达主题，周围留出空白。

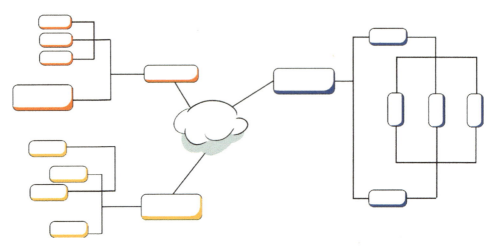

图 B-8　思维导图

（2）用平滑的曲线将中心图像和主要分支连接起来，然后把主要分支和二级分支连接起来，再把三级分支和二级分支连接起来，依此类推，创建分析问题的基本思维结构。

（3）在主要分支上写上一个概括、凝练的关键词或关键句，有助于新想法的产生。

4. 流程图

流程图如图 B-9 所示。

场景：当阶段流程基本锁定时，剖析流程每个环节的关键点和关键风险，全面细致地呈现整体流程的核心点。

操作：

（1）分析实现目标的核心阶段，并锁定项目阶段的输出物和目标。

（2）对每个阶段进行剖析，输出每个阶段的关键流程和对应的关键产出。

（3）聚焦核心关键点、难点或风险点。

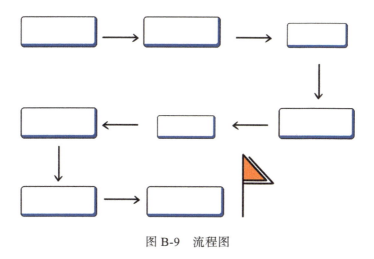

图 B-9 流程图

5. 鱼骨图

鱼骨图如图 B-10 所示。

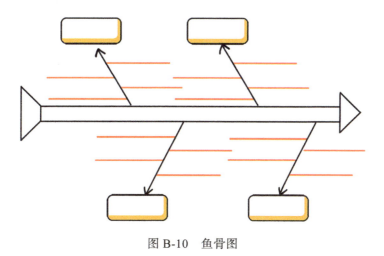

图 B-10 鱼骨图

场景：鱼骨图是原因分析的常用工具，结合剥洋葱法，能全面而深入地发掘原因和本质。

操作：

（1）查找要解决的问题，把问题写在鱼骨的头部，如"文件审批流程混乱"。

（2）小组成员共同讨论该问题出现的可能原因，可按"人、机、料、法、环、测"六大维度进行（思考维度可以调整）。

（3）针对问题的答案再问为什么，像剥洋葱一样层层挖掘相关的现象或问题，在鱼骨上标出。

（4）根据不同问题征求大家的意见，精确探讨出正确的原因。

6. 亲和图

亲和图如图 B-11 所示。

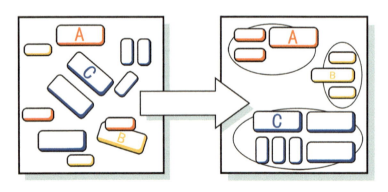

图 B-11　亲和图

场景： 将同类型的信息进行快速整合，支持参与者进行信息分类以及信息提炼。

操作：

（1）确定议题。

（2）通过头脑风暴等方法收集信息并记录在卡片上。

（3）整合、提炼卡片上的信息，并对卡片进行分类。

四、决策类工具

1. 融合决策法

融合决策法如图 B-12 所示。

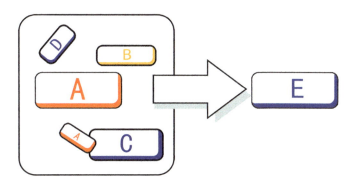

图 B-12　融合决策法

在方案 A、B、C、D 中，选择一个基础方案 B，并在方案 B 的基础上，将方案 A、C、D 中可以借鉴的方面融合到 B 方案中，使 B 方案更精进，最终形成 E 方案。

$$A + B + C + D = E$$

该策略适用于 ABCD 四个方案存在一定的互补性前提。

2. 关键人决策法

如果参与者已经明确最终的决策由某位关键人物进行，那么可以使用关键人决策法（见图 B-13）。也就是说，邀请关键人在共创最后输出的方案 A、B、C、D 中，确定一个方案。但如果参与者日后与该方案的执行是紧密相关的，那么不建议经常使用这种共识策略，因为参与者必须发自内心地做选择，达成真正的共识，才能促进更高效的行动。

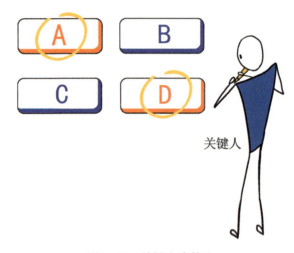

图 B-13　关键人决策法

3. 投票决策法

我们可以运用表 B-1 中的三种投票法进行选择，少数服从多数，最终确定其中一个方案。该策略属于妥协性共识策略，在一些非常重要的议题上一般不建议使用投票法。此外，在运用投票法时，建议优先考虑核心利益相关者的立场。

表 B-1　投票决策法

投票法 1	投票法 2	投票法 3
4 选 1，得票最多的方案为共识方案	4 选 2，然后 2 选 1，比起投票法 1，投票法 2 的共识面更广	由与议题相关性较高的参与者进行投票，给予他们的票数核心权重，选出票数最多的 2 个方案，然后全员进行 2 选 1。这种投票法照顾了核心的利益相关者

4. 标准决策法

标准决策法能够推动参与者进一步深度分析方案。通常来说，在面对方案 A、B、C、D 时，共创引导者可以根据对未来和过去的分析设计一些评估维度，支持参与者达成共识（见表 B-2）。该共识策略较适合关键性的决策，需要引导参与者放下情绪，进入理性分析，并在对原有的方案进行优化后做出决策，因此耗时较长。

表 B-2 标准决策法

	方案 A	方案 B	方案 C	方案 D
共同点				
最大、最小收益预估				
最大、最小成本预估				
实施难易度、可行性				
实施的时效性				
可能的风险点				

5. 盈利矩阵

场景：策略被提出后，需要使用盈利矩阵（见表 B-3）从可实施性及效果收益等维度帮助团队进行更高效的决策。

表 B-3 盈利矩阵

	容易实施	不易实施
小的盈利	快速获胜（QW）	浪费时间（WT）
大的盈利	获利机会（BO）	专项投入（SI）

操作：

（1）从可实施性及效果收益两个维度对策略进行深入分析。

（2）在策略卡片上标注相关的代号"QW、BO、WT、SI",贴在相应的区域。

（3）请小组根据重要性/紧急性进行投票,在属于 QW 和 BO 的策略中聚焦出核心策略,SI 的策略需要再次考虑方可纳入。

五、行动类工具

1. 甘特图

场景：通过图示的方式呈现行动计划和时间进度,包括各行动计划的顺序、起止时间与持续时间（见图 B-14）。

序号	计划名称	开始日期	结束日期	历时（天）	1	2	3	4	5	6	7	8	9	10	11	12	13	14	15	16
1		1月1日	1月6日	6																
2		1月3日	1月10日	8																
3		1月4日	1月14日	11																
4		1月14日	1月16日	3																
5																				
6																				

图 B-14　甘特图

操作：

（1）明确项目牵涉的各项计划,内容包括计划名称（包括顺序）、开始时间、工期、任务类型（依赖/决定性）和依赖于哪一项任务。

（2）创建甘特图草图。根据开始时间、工期,将所有的计划标注到甘特图上。

（3）确定项目各计划的依赖关系及时间进度。使用草图,按照计划的类型将各计划联系起来，并安排计划的进度。

（4）计算单项计划的工时量。

（5）确定计划的执行人员，并适时按需调整工时。

（6）计算整个项目时间。

2. 行动计划法

场景：当策略确定后，结合甘特图对行动进程进行规划，通过 WBS 行动计划法将行动计划进行细化（见表 B-4）。

表 B-4　WBS 行动计划法

××× 行动计划						
策略	关键行动步骤	阶段成果	截止时间	整合资源	风险/挑战	负责人

操作：

（1）确定行动策略。

（2）就关键步骤、关键输出物、时间节点、资源及风险达成共识。

（3）就执行者、协作者、验收者达成共识。

（4）就负责人达成共识，再由负责人与执行者、协作者等对话，对整体的行动计划进行回顾确认。

参考文献

感谢在群体动力、引导、教练、行动学习等领域研究和实践的前辈们，他们一直在探索中前进，支持组织实现进化。在中国本土企业的实践之路中，我们参考了以下人士的智慧之作。

[1] JUSTICE T, JAMIESON D. The facilitator's field book [M]. 2nd ed. New York: AMACOM/American Management Association, 2006.

[2] RESS F. The facilitator excellence handbook [M]. 2nd ed. New Jersey: John Wiley & Sons Inc, 2005.

[3] 夏莫. U 型理论 [M]. 邱昭良，王庆娟，译. 北京：中国人民大学出版社，2011.

[4] 杨克洛维奇. 对话力：化冲突为合作的神奇力量 [M]. 陈淑婷，张桂芬，译. 杭州：浙江人民出版社，2015.

[5] 肯纳. 谁说我们不能一起做决定？参与式决策引导宝典 [M]. 洪慧芳，译. 台北：开放智慧引导科技股份有限公司，2007.

[6] 堀公俊. 引导学 [M]. 梁世英，译. 台北：经济新潮社，2012.

[7] 费雪. 完美的群体：如何掌控群体智慧的力量 [M]. 邓逗逗，译. 杭州：浙江人民出版社，2013.

[8] 高松，汪金爱，林小桢. 行动学习：理论、实务与案例 [M]. 北京：机械工业出版社，2014.

[9] 赫塞尔本，戈德史密斯. 未来的组织：全新管理时代的愿景与战略 [M]. 苏西，译. 北京：中信出版社，2014.

[10] 中原淳，长冈健. 会对话的组织：启动组织新生命力 [M]. 石学昌，译. 台北：立村文化有限公司，2009.

[11] 琼森，等. 集合起来：群体理论与团队技巧 [M]. 9 版. 谢晓非，等译. 北京：中国

轻工业出版社，2008.

[12] 奥斯特瓦德，皮尼厄．商业模式新生代 [M]．王帅，毛心宇，严威，译．北京：机械工业出版社，2014.

[13] 西贝特．视觉会议：应用视觉思维工具提高团队生产力 [M]．臧贤凯，译．北京：电子工业出版社，2012.

[14] 本斯．引导：团队群策群力的实践指南 [M]．任伟，译．北京：电子工业出版社，2011.

[15] 布朗，伊萨克．世界咖啡：创造集体智慧的汇谈方法 [M]．郝耀伟，译．北京：电子工业出版社，2010.

[16] 美国培训与发展协会．成功引导者 10 步骤 [M]．刘晓红，译．北京：中国铁道出版社，2010.

[17] 迈尔斯．社会心理学 [M]．侯玉波，译．8 版．北京：人民邮电出版社，2006.

[18] 欧文．开放空间科技：引导者手册 [M]．吴咨杏，译．台北：开发智慧引导科技股份有限公司，2006.